AF210260

Birgitta Hogger

Weil jedes Kind ein Sternchen hat

Allerlei Gedichte kreuz und quer durchs Leben

Die Autorin:

Birgitta Hogger, Dr. phil. M.A., ist Sprachwissenschaftlerin (Psycholinguistik, Indogermanistik, Allgemeine Sprachwissenschaft, Phonetik, Deutsch als Fremdsprache) und Hörsprachgeschädigten-Pädagogin.

Neben ihrer Tätigkeit als Lehrerin auf allen Stufen des Gehörlosen- und Schwerhörigen-Schulwesens war sie auch mehrere Jahre an der Ludwigs-Maximilians-Universität München tätig.

Sie hat Konzepte entwickelt zur Verbesserung der Sprachvermittlung bei Gehörlosen und hat zahlreiche wissenschaftliche Abhandlungen verfaßt zu Sprache und Spracherwerb Gehörloser und Schwerhöriger.

Die Autorin lebt in München und Murnau am Staffelsee.

Druck: Libri Books on Demand

Copyright by Dr. Birgitta Hogger, München und Murnau am Staffelsee 1999

Alle Rechte vorbehalten

ISBN 3-89811-397-3

Inhalt

Durch's Jahr

Geburtstagswunsch

Liebes Kind!
Mein Wunsch ist dreifach,
doch gewiß nicht einfach.
Vielleicht kannst du den Sinn noch nicht verstehn.
Wichtig ist: Der Wunsch soll in Erfüllung gehn.

Zu deinem Geburtstag wünsch ich dir inniglich:
Du mögest die Menschen lieben, doch auch dich.
Mögest du werden der du in deinem Innern bist,
weil die Wurzel eines jeden Menschen göttlich ist.

Werde der du bist!
Denn nur ein Mensch, der er selber ist,
hat im Leben alle Gnaden
und wird auch niemals einem andern Wesen schaden.

Der Mensch zerbricht nicht an der Welt.
Er zerbricht, wenn er sich selber nicht gefällt.
Wenn er aber er selber ist, liebt er sich und sein Leben
und kann schließlich auch andern Menschen von sich
etwas geben.

Stell dir vor, du wärst ein Aprilscherz

Erblickt einer einst das Licht der Welt,
so ist entscheidend, auf welchen Tag der Geburtstag fällt.
Mit dem Tag der Geburt wird dir für dein Leben
schon eine ganze Menge im voraus mitgegeben.

Manch einer kommt als Christkind auf die Welt.
Das ist schad, weil er dann nicht so viele Geschenke
erhält.
Und wenn man Geburtstag hat am 29. Februar,
dann feiert man ihn nur alle vier Jahr.

Ist einer ein Faschingsscherz, ist ihm im Leben
allzeit ein fröhliches Herz und Humor gegeben.
Doch ist einer am ersten April zur Welt gekommen,
dann wird sein Geburtstag nicht erst genommen.

Das ist wirklich furchtbar.
Alle denken, daß er Geburtstag hat, sei gar nicht wahr.
So schenkt ihm natürlich keiner was.
Und der Geburtstag ist für ihn kein Spaß.

Am schlimmsten aber ist,
daß er vielleicht gar nicht er selber ist.
Auch er selber weiß nicht so recht,
ob er falsch ist oder echt.

Nur ein Aprilscherz, und nichts weiter.
Stimmt die andern, aber ihn selbst nicht heiter.
Zum Glück bin ich am ....geboren.
So bin ich kein Scherz, und mein Geburtstag ist nicht
verloren.

Zwölf Monat hat das Jahr

Das Jahr ist wie ein Rad.
Von Monat zu Monat
dreht es sich leis, ganz leise
in immer wieder gleicher Weise.

Schnell wird es alt das Jahr.
Grau sind bald schon Bart und Haar.
Es stirbt in der Dezemberkält
und kommt gleich drauf im Januar wieder zur Welt.

Das Jahr reist durch die Zeit -
durch Kält und Wärme, Glück und Leid.
So viel ist bis zum Jahresend geschehn.
Man kann es kaum fassen und verstehn.

Von den Winterfreuden im Januar
über das Narrenspiel im Februar
spüren wir in der Märzensonne
schon des Frühlings Wonne.
Das Osterfest fällt meist in den Monat April,
der bekanntlich nicht so recht weiß, was er will.

Ist der holde Monat Mai
dann leider wieder vorbei,
denken wir im Juni an die sommerlichen Hitzen,
die uns im Juli und August oftmals lassen schwitzen.
Dabei erfreun wir uns an der bunten Blumenpracht,
die in der Sommersonne freundlich lacht.

Reiche Ernte uns im September der Garten beschert.
Das Jahr den Schöpfer dafür zu Erntedank ehrt.
Im Oktober tanzt das Jahr im Blätterreigen
und will sich zum Schluß im goldbunten Kleide zeigen.
Im November sind die Bäume ohne Blätter.
Nebeldüstergrau und unfreundlich wird das Wetter.

Nun ist es draußen kalt
und das Jahr ist greisenalt.
Es braucht zum Gehn einen Stock
und gegen die Kält einen warmen Rock.

Wehmütig denkt es zurück an die Sommerszeit,
freut sich aber schon auf Weihnacht, die nicht mehr weit.
Dies alles wärmt sein greises Herz
und nimmt ihm der Kälte und des Alters Schmerz.

Bald nach der heil'gen Weihnacht
ist des Jahres Werk vollbracht.
Das alte Jahr muß sterben,
um gleich drauf wieder geboren zu werden.

Die alten Bräuche

Die Zeiten sind jetzt sehr modern.
Gar oft kann man da hörn:
Unsre ganzen alten Bräuch
sind doch nur dummes Zeug.

Doch geben die Bräuche den Menschen viel.
Sie bewirken nämlich bei allen das gleiche Gefühl.
Denn sie verursachen,
daß alle zur gleichen Zeit dasselbe machen.

Wir essen zur Kirchweih Krapfen und eine Gans,
binden im Advent einen Tannenkranz,
(gehen vielleicht zu Kathrein auf einen Tanz,)
schmücken an Weihnachten den Weihnachtsbaum
und erfüllen uns im Fasching als Indianer oder Cowboy
einen Traum.

An Sylvester machen wir ein Feuerwerk.
Am Valentinstag richten wir auf Blumen unser
Augenmerk.
Zu Ostern färben wir die Eier,
und im Herbst haben wir eine Erntedankfeier.

Dies alles und noch viel mehr
ist unser aller gemeinsam Gut,
worauf auch ein Reichtum an Gefühlen beruht.
Deshalb, so meinen wir, haltet die Bräuche in Ehr.

Genauso wie eine Jahreszeit
hat auch ein jeder Brauch seine Zeit.
Du kannst Weihnachten nicht feiern, wann es dir gefällt,
weshalb auch ein Brauch die Menschen so zusammenhält.

Gemeinsam begeben wir uns so von Brauch zu Brauch.
Und man fühlt: Was ich mach, machen die andern auch.
Nachdenken, trauern und lachen zur selben Zeit. -
Das schafft stets ein Gefühl der Gemeinsamkeit.

Keine Bräuche mehr- das wär doch schad!
Grau und eintönig wäre das Leben und fad.
Nein, wir sollen nicht darauf verzichten
und uns im Jahreslauf auch nach den Bräuchen richten.

Advent

Jetzt ist es wieder Advent.
Auf dem Tannenkranz die erste Kerze brennt.
Es ist im Jahr die stillste Zeit,
in der wir uns für das Christkind machen bereit.

Am Himmel ganz von fern
erahnst du schon den Weihnachtsstern,
der der Welt das Christkind ankündet
und danach wieder hinter den Wolken verschwindet.

Advent heißt daran denken,
den anderen etwas von uns zu schenken.
Advent ist vor allem, daß wir stille sind,
ist Hoffnung auf Licht für die Welt, mein Kind.

Denk also stets daran,
am meisten kommt es darauf an,
daß wir warten auf das Licht,
über das der Himmel zu uns spricht.

Tannenzweige

Heute haben wir Tannenzweige mitgebracht.
Kinder, was für eine duftende grüne Pracht!
Da denk ich an das vergangene Jahr
und wie ich im Wald spazieren war.

Die Zweige erzählen Geschichten vom grünen Wald,
wo es jetzt ist winterlich kalt -
Geschichten von den Waldtieren groß und klein,
von den Pilzen und den kleinen Waldblümelein.

Wie die Zweige nun das Zimmer schmücken
mit Sternen aus Gold und Schmuck allerlei
erfüllt mich mit Wehmut und zugleich Entzücken.
Denn damit ist leider auch ihr Waldleben vorbei.

Doch ist es der Tannenzweige Bestimmung,
Entscheidendes beizutragen für die weihnachtliche
Stimmung.
Und man muß sagen: Es ist eines jeden Zweiglein Traum,
einmal im weihnachtlichen Kleid zu schmücken einen
Raum.

Weihnachten

Was ist es, das die Menschen zusammenruft?
Wir spüren: Es ist was in der Luft.
Du siehst es nicht,
doch ahnst du, daß Licht in das Dunkel bricht.

Es ist als ob überall Musik erklingt,
Jubel und Freude in den Lüften schwingt.
Alle sehnten diesen Tag herbei.
Jetzt ist das lange Warten vorbei.

Es ist Weihnachten.
Weihnachten ist Verheißung
von Friede und Erlösung.
Weihnachten bedeutet für dich wie für mich:
Einen Augenblick lang öffnet der Himmel sich.

Der letzte Tag im Jahr

Heut ist der letzte Tag im Jahr.
Da denkt ein jeder nach, was alles war.
Nie grübelt man über das Leben so viel
und hat so ein eigenartiges Gefühl.

Wieder fängt alles von vorne an.
Ob ich im neuen Jahr manches besser kann?
Was wird alles passieren?
Hoffentlich werde ich nicht einen lieben Menschen
verlieren.

Im letzten Jahr war, Gott sei Dank,
von uns allen keiner krank.
Was wird im neuen Jahr geschehn?
Niemand vermag dies jetzt zu sehn.

Doch das kann jeder sagen:
Neben der Angst und dem Unbehagen
liegt bei jedem neuen Anfang immer
gleichzeitig auch ein Hoffnungsschimmer.

Vielleicht wird es im neuen Jahr sogar um alles viel besser
stehn.
Auf jeden Fall will ich mit Mut in die Zukunft gehn.
Dabei wünsche ich dir und mir in allen redlichen Dingen
viel Glück und ein gutes Gelingen.

Zum Neuen Jahr

Das Jahr ist schon alt -
eine greise Gestalt.
Keine Angst! Die Welt ist deshalb nicht verloren.
Denn bald schon ist das neue Jahr geboren.
Es geht vom Anfang bis zum Ende -
auf daß sich alles zum neuen Anfang wende.

Mit dem Rad der Zeit
reisen wir erneut durch Glück und Leid.
Magst dich im Kreis des Jahres drehn.
Bleib nicht stehn!
Schau nicht zurück
und leb den Augenblick!

Ich wünsch viel Glück!

Im Winterwald

Wie verzaubert ist jetzt der Wald,
schneeweiß und eisig kalt.
Der Eiswind bläst ganz leise
durch die Zweige eine sanfte Weise.

Wie erstarrt ist jetzt der Wald,
gefroren zu einer weißen Gestalt.
Nur die Schneeflöckchen tanzen einen Reigen
bis sie sich niederlassen auf dem Boden und den Zweigen.

Es sieht aus als bilden sie eine Zuckerschicht
so weiß und alle beisammen ganz dicht.
Ob ich wohl die Süße schmecke,
wenn ich einmal daran lecke?

Ganz still ist es geworden,
als wäre alles Leben im Wald gestorben.
Doch viele Waldestiere ruhn nur in der Erde,
und warten, auf daß es wieder Frühling werde.

Nur Hirsch und Reh springen behend und schnelle
zu des Försters Futterstelle.
Lautlos, du kannst sie kaum hören,
als wollten sie die Stille im Wald nicht stören.

Jetzt regiert die bleiche und schweigende Schneekönigin
bis die Frühlingslüfte den Wald wieder durchziehn,
die linden Frühlingslüfte, die den Winter sanft verjagen
und die fröhliche Frühlingszeit ansagen.

Vom Schneemann

Mir lacht das Herz, wenn ich ihn seh,
den weißen Mann geformt aus Schnee.
Von der fröhlichen Kinderschar gebaut,
erfreut er jeden, der in sein Schneegesicht schaut.

Er besteht nicht aus Knochen und Haut.
Auch braucht er keine Beine zum Gehn,
nur zwei Kugeln aus Schnee, um fest zu stehn.
Doch lebt er nur so lange, bis es taut.

Auf seinem dicken Schneekugel-Kopf
trägt er als Hut oft nur einen Topf.
Schuhe braucht der Schneemann keine.
Denn er steht ja auch ohne Beine.

Als Nase eine Rübe oder ein Zapfen aus Eis.
Jedes Kind gestaltet auf seine Weis.
Für die Augen Kohle oder Kieselstein.
Ein warmer Mantel muß nicht sein.

Die Hunde meinen es mit ihm gar nicht gut.
Und manch' Betrunkner kühlt an ihm seinen Mut.
So braucht unser freundlicher Gesell
zwar keinen Mantel, aber ein dickes Fell.

Doch hört man ihn darüber niemals klagen.
Auch tiefste Temperaturen lassen ihn nicht verzagen.
Nur die Frühlingswärme hält er nicht aus.
Die warmen Sonnenstrahlen löschen sein Leben aus.

Flockenwirbel

Flockenwirbel, Flockentreiben.
Flocken, Flocken tut es schneiben.
Flocken, Flocken ringsherum,
tanzen um die Nas herum.

Setzen sich auf meinen Schirm,
stupsen auch an meine Stirn,
kitzeln gerne meine Nas.
Ja, so etwas! Ja, so etwas!

Flocken tanzen munter, munter
von den Himmelswolken runter,
wirbeln lustig durcheinander,
zueinander, voneinander.

Fallen schließlich leis und sacht,
daß es kein Geräuschlein macht,
daß es keine Tierlein weckt.
Die Erde ist bald zugedeckt.

Liegen jetzt ganz dicht beinander,
zueinander, beieinander.
Bilden miteinander eine Deck,
schneeweich, eine Winterdeck.

Wintersonne

Ein Glitzern und Funkeln ich draußen fand
im schneebedeckten weißen Winterland
von der Wintersonne kaltweißem Licht,
das sich in unzähligen Schneekristallen bricht.

Am eisblauen Winterhimmel strahlt
die Wintersonne hell und kalt.
Geblendet ist das Auge von dem Licht -
weißsilbernes Licht, überall Licht.

Silberglitzernde Hauben tragen Baum und Strauch
Kirchturm, Dach und der Zaunpfahl auch.
Über die Erde hat sich ein weißer Glitzerteppich gelegt.
Lichte Freude sich in mir regt.

Nimm es in dich auf das Licht,
daß es sich auch in dir tausendfach bricht.

Der Grippling geht um

Ein Keuchen und Schniefen liegt in der Luft.
Der Grippling geht um, dieser Schuft.
Nehmt Euch in Acht!
Er packt Euch am Kragen, ganz sacht.

Landauf, landab, überall
sucht er nach Opfern in großer Zahl.
Die Grippe unter die Leute bringen,
das ist die Aufgabe von Gripplingen.

Der Grippling ist eine große Gefahr.
Denn er ist für uns völlig unsichtbar.
Fast lautlos schleicht er sich heran,
so daß man ihn weder sehen noch hören kann.

Er sucht sich die kalte Jahreszeit aus.
Im Sommer bleibt er meistens im Haus.
Leute mit nassen Schuhen mag er sehr
und die, mit dünner Kleidung noch viel mehr.

In der Zugluft macht er die fetteste Beute.
Drum trifft er sie hier am liebsten, die Leute.
Was er aber scheut, das sind die Vitamine.
Hört er nur davon, verfinstert sich schon die Miene.

Alle, die Vitamine zu sich nehmen,
indem sie Obst und Gemüse essen
und auch den grünen Salat nicht vergessen,
bleiben verschont von Grippeproblemen.

Wenn sie dazu noch jede Zugluft meiden
und sich bei Kälte und Nässe richtig kleiden,
dann können sie den Grippling verscheuchen
und müssen nicht niesen und keuchen.

Der Grippling fühlt sich hier betrogen,
macht um jene einen weiten Bogen
und hustet und schnieft vor Wut.
"Ich krieg Euch schon", schwört er, "Ihr Teufelsbrut!"

Valentinstag

Am vierzehnten im Februar -
es ist nur dieser Tag im Jahr -
ist Valentin, ist Blumentag.
Mit Blumen ich was Liebes sag.

Da schenk ich Blümlein dir.
Vielleicht schenkst du auch welche mir.
Da schickt man einen Blumengruß.
An Valentin, an Valentin, an Valenvalentinus.

Ich wähle eine Blume aus
und bringe sie dir dann ins Haus.
Die Blume, die muß passend sein,
im Strauß oder als Stöckelein.

So schenk ich Lisa Lieschen
wohl ja ein fleißig Lieschen.
Dem werten Fräulein Käthchen
ein feurig flammend Käthchen.
Und meiner Liebsten schließlich Ranunkel.
Aber bitte kein Gemunkel!

Primula in lilula
bring ich Schwester Gundula.
Und im Topfe eine Zimmerlinde
meiner alten Tant Gerlinde.

Gelbe, rote Gerbera
kauf ich für Base Barbara.
Rote, rosa, weiße Nelkchen
für das blonde Fräulein Elkchen.

Begonie und Begonia
für Antonie und Antonia.
Und für alle Lukretien
Strelitzien und Mombretien.

Mit der Blume schick ich dir
Botschaft und Geschenk von mir.
Denn der Blumen eig'ne Sprach,
ich mir gern zunutze mach:

So sagen Rosen, Tulpen, Nelken.
Die Freundschaft soll nicht welken.

Weiß oder rot ein Alpenveilchen:
Hab Geduld noch für ein Weilchen!

Das kleine blaue Veilchenlein:
Mögest hübsch bescheiden sein!
(Man muß nicht immer Rose sein.)

Die Hyazinthe mit ihrem starken Duft
sagt: Verzeih, ich war ein arger Schuft.

Duftend sagen zarte Fresien:
Es ist so schön gewesien.

Rote Tulpen und Narzissen:
Tu dich so arg vermissen.

Teure, teuerste Orchidee:
Auf daß ich dich jetzt öfter seh.

Efeu, Efeu schenk ich dir:
Treu, ach bitte bleibe mir!

Vergißmeinnicht, Vergißmeinnicht:
Ich liebe dich, vergeß dich nicht.
VergißDumeinauchbittenicht!

Fasching, Fasnacht, Karneval

Einmal im Jahr ist Fasenacht,
wo man sich eine Maske macht,
ist Fasching oder Karneval.
Da geht man gern zum Maskenball.

Da möcht man gern ein Andrer sein,
gefährlich, stark und wild und fein.
Man will nicht mehr der Gleiche sein -
Herr Schmidt oder Frau Meierlein.

Da ist man wer, das tut so gut
mit Krone, Cowboy- und Zylinderhut.
Trägt Pistole, Säbel, Schießgewehr.
Man ist kein Schmidt und Meier mehr.

Man ist einer, der sich was traut
als Räuber und die Räuberbraut,
Rennfahrer, Sheriff und Astronaut,
oder Gespenst - oh weih, mir graut.

Als allergefährlichster Vampir
oder als wildes Löwentier.
Da jag ich dich, da freß ich dich.
Du fürchtest mich gar fürchterlich.

Doch vor allem wolln wir lustig sein
mit unsren Masken und Verkleiderein
als Hexe, Narr und Närrin,
Clown, Kasperle und Harlekin.

Und wolln beim bunten Faschingstreiben
nicht zu Haus hinterm Ofen bleiben.
Wir wollen tanzen und verrückte Sachen machen.
Und lachen, lachen, lachen, lachen.

Kro-Kuß

Krokus, Kro-Kuß, Frühlingskuß,
lila-weißer Frühlingsgruß -
aus dem kalten Boden sprießt,
wenn Frühlingsluft die Erde küßt.

Lila-weiße Kro-Küsse
leuchten auf der Frühlingswiese.
Locken alle Bienchen an,
die von der Schönheit angetan.

Öffnen sich bei Sonnenschein,
laden Bien und Hummel ein.
Für die beiden Hochgenuß
ist der erste Honigkuß.

Krokus, Kro-Kuß, Frühlingskuß
als Frühlingsbot und Frühlingsgruß,
wenn die Sonn den Schnee wegleckt,
der die Erd hat zugedeckt.

Das Schneeglöckchen

Das Schneeglöckchen weiß und fein
läutet die holde Frühlingszeit ein.
"Macht Euch bereit", ruft es, "es ist so weit.
Vorbei ist jetzt die kalte Winterszeit."

Als erstes Blümlein faßt es sich ein Herz.
Es bohrt sich, bestimmt nicht ohne Schmerz,
mit aller Kraft durch den noch winterkalten Boden.
Und reckt sich mutig an die frische Luft nach oben.

Es schnuppert und prüft die Temperatur.
"Traut Euch nur, bereit ist die Natur.
Vertraut mir, Ihr könnt es wagen",
hört man es zu den andern Pflanzen sagen.

Kein Pflänzchen die Menschen so entzückt,
kein Blümlein man so gerne pflückt
wie das Schneeglöckchen weiß und fein -
im Reigen der Natur das erste Blümelein.

Frühling

Die Luft ist jetzt so lind.
Heraus aus dem Haus, liebes Kind!
Hörst du der Vögel fröhliche Lieder?
Frühling, Frühling ist es endlich wieder.

Der Winter möchte zwar nicht gehn.
Oben auf den Bergen ist auch noch Schnee zu sehn.
Doch hat der Frühling den Kampf gewonnen.
Im Tal ist der Schnee bereits zerronnen.

Der Himmel hat jetzt so ein freundliches Blau,
daß ich ihm gerne ins Antlitz schau.
Leise und ganz sacht
ist überall die Natur erwacht.

Sie erhält ein Kleid in zartem Grün.
Es ist für Aug und Seele wunderschön.
Überall die Blümlein sprießen.
Laßt uns dies alles von Herzen genießen!

April

Man sagt, der April
weiß nicht, was er will.
Wirklich, mit seinen Wetterlaunen
versetzt er einen stets aufs Neue in Staunen.

Doch habe ich das Gefühl,
der April weiß sehr wohl, was er will.
Ärgern will er nämlich die Welt,
indem er macht, was ihm gefällt.

Du darfst dem April also nicht traun.
Auch kann er bestimmt keinem in die Augen schaun.
Mich erfüllt das Ganze auf jeden Fall mit Groll,
weiß man doch nie so recht, was man machen soll.

Ein guter Rat:
Kleide dich wie die Zwiebeln!
Pack den Regenschirm ein
falls es schüttet wie aus Kübeln.
Und sei dabei gefaßt auf Sonnenschein!

Nicht ohne Grund ist der April auch der Monat,
in den man jemanden schickt
mit einem Trick oder einer kleinen Schelmentat.
Na ja, ich finde das alles ganz schön verrückt.

Der Osterhase ist mein Lieblingstier

Kein Tier auf dieser Welt schenkt dir
wie der Osterhase süße Sachen,
die dir an Ostern so viel Freude machen.
Deshalb ist der Osterhase auch mein liebstes Tier.

Lautlos und schnell hüpft er von Nest zu Nest.
Pünktlich beschenkt er uns alle zum Osterfest.
Ich habe den Osterhasen übrigens schon oft gesehn.
Ich glaube auch ganz fest an ihn.

Der Osterhase wohnt irgendwo im Wald
und ist jetzt auch schon ziemlich alt.
Auf der Nase hat er eine Brille zum Sehn.
Er braucht aber keine Schuhe zum Gehn.

Er trägt eine Hose in dunklem Grün.
Das ist zum braunen Fell sehr schön.
Wie andre Hasen frißt er gerne Möhren.
Bei seiner Arbeit darfst du ihn nicht stören.

Vor Ostern hat er nämlich schrecklich viel zu tun.
Das Jahr über muß er dann dafür ruhn.
Er bleibt die ganze Zeit in seinem Wurzelhaus.
Und nichts lockte ihn da bis zum nächsten Jahr heraus.

Ich glaube fest, daß auch du ihn einmal siehst,
wenn du nur achtgibst und schön stille bist.
Siehst du ihn aber nicht, ist es auch nicht schlimm.
Hauptsache, in deinem Osternest sind viele süße Eier drin.

Oh Mai

Oh Mai, oh holde Maienzeit!
Das Land trägt jetzt sein Blütenkleid.
Mandel-, Kirsch- und Pflaumenbaum -
ein rosa-weißer Blütentraum.

Überall das frische Maiengrün,
das junge Buchen- und das Birkengrün.
Blumen blühen, rot, gelb, blau und weiß.
Die Wiese bekommt nun ihren Ehrenpreis.

Am Bach, in Wald und Flur
grünt und blühet die Natur.
Erfüllt von süßem Blütenduft
ist die linde Maienluft.

Angelockt von der Blüten Farbe und Duft
flattern bunte Schmetterlinge durch die Luft.
Hörst du wie die Bienchen summen
und der dicken Hummeln tiefes Brummen?

Die Drossel und die Lerche singt,
der Zaunkönig sein Ständchen bringt.
Amseln flöten, der Kuckuck schreit
dem Mai, dem Monat Mai zum Geleit.

Hörst du auch der Maiglöckchen Geläut
zum Mai, zur holden Maienzeit?

Hahnenfuß

Es blieb auf der Wiese ganz allein
von einem Hahn ein einzelnes Bein.
Der Hahn hatte es einst besessen
und es dann eines Tages dort vergessen.

Der arme Gockelhahn!
Ob er wohl so noch laufen kann?
Der Fuß indes, ohne etwas zu sagen
hat im Grase seine Wurzeln geschlagen.

Er hat dies niemals bereut
und wächst auf der Wiese noch heut.
Ein grüner Stengel wurde daraus.
Mit seinem gelben Kopf schaut er aus der Gras heraus.

Der Löwenzahn

Dereinst ein Löwe aus Afrika kam.
Er verlor im Grase einen Backenzahn.
Alle Tiere und Pflanzen bestaunten ihn.
Denn so etwas hatten sie noch nie gesehn.

Dem Zahn gefiel es auf der Wiese dort.
So wollt er nie wieder nach Afrika fort.
Er blieb und es wurde eine Blume daraus.
Jedes Frühjahr kommt sie nun aus der Erde heraus.

Da die Blume von einem Löwen abstammte,
man sie allerorts 'Löwenzahn' nannte.
Doch anders als eines Löwen Backenzahn
ein Löwenzahn nicht mehr kauen kann.

Dafür nützt er dem Menschen und der Kuh
und leuchtet wie eine goldne Sonne noch dazu.
Denn er trägt auf seinem Kopfe
einen leuchtend goldgelben Schopfe.

Überall sieht man ihn heute sprießen.
Übersät mit Löwenzahn sind ganze Wiesen.
Dabei leuchtet ein, daß diese kleinen Sonnen
ursprünglich aus dem heißen Afrika kommen.

Der Sommer zieht ein

Habt Ihr's gesehn, gehört und vernommen?
Der Sommer, der Sommer, der Sommer will kommen.
Barfuß, leichten Schritts kommt er daher.
Den Winterpelz brauchst du jetzt nimmermehr.

Der Sommer hält Einzug mit Farben und Klang
mit Blütenduft und der Vögel hellem Gesang.
Er zieht ein mit strahlend bunter Pracht.
Die Tage sind jetzt länger als die Nacht.

Der Klatschmohn leuchtet auf Flur und Feld.
Hell und licht ist jetzt die Welt.
Sommerzeit! Seht nur! Seht nur!
Anders gehet sie, die Sommeruhr.

Weigelie, Holunder und Jasmin.
Blumen auf allen Wegen blühn.
Margeriten, Rosen und Akelei.
Und auf den Wiesen duftet das Heu.

Der See lädt zum Bade ein.
Tauch nur, tauch in das kühle Naß hinein!
Ja, der Sommer, der Sommer, der Sommer ist da.
Nimm ihn mit all deinen Sinnen wahr!

Freitag, der 13.

Der Freitag ist mir der liebste Tag.
Überstanden ist da der Woche Plag.
Doch wenn der Freitag auf den 13. fällt,
dann ist mir die Freude kräftig vergällt.

Denn dann gilt der Freitag,
das weiß jeder, als Unglückstag.
Da heißt es, sich in Acht zu nehmen
vor Unglücksfällen und allerhand Problemen.

Freitag, der 13. ist für mich ein rabenschwarzer Tag,
an dem ich erst gar nicht aufstehen mag.
Am liebsten würd ich ihn ganz aus dem Kalender
streichen,
um so allen möglichen Unglücken auszuweichen.

Kaum ist das alte Jahr vergangen,
schau ich im Kalender schon wieder mit Bangen,
ob im neuen Jahr ein Freitag am 13. ist.
Ich markier es gleich, damit es ja keiner vergißt.

Dieser Tag war für mich zeitlebens ein Graus.
Was ich auch anpackte - nichts lief.
Alles, aber auch alles, alles ging schief.
Genauso sah ich das aber auch jedes Mal voraus.

Es wird für mich weiter ein Pechtag bleiben,
wenn wir Freitag, den 13. schreiben.
Ich weiß genau: Was ich befürchte, trifft ein.
Da könnt Ihr Euch ganz sicher sein.

Regen, Regen, Regen

Regen, Regen, Regen
vom Himmel fällt herab
auf Wiesen und auf Wegen.
Die Erde kriegt ein Bad.

Regen, Regen, Regen
macht Dach und Straße rein.
Der Regen ist ein Segen.
Die Welt wird wieder fein.

Regen, Regen, Regen.
Es freut sich die Natur.
Denn Wasser ist der Regen
für jede Kreatur.

Regen, Regen, Regen tropf!
Regen tropft auf meinen Kopf.
Regen tropft auf meine Nas.
Hei, der Regen, der macht Spaß!

Regenbogen

Wenn der Himmel weint
und die Sonn in die Regentropfen scheint,
dann können wir in der Luft einen Regenbogen sehn -
ein buntgestreiftes Band, durchsichtig und wunderschön.
Eine Brücke, die Erde und Himmel verbindet
und bald wieder aus unseren Augen entschwindet.

Heut hab ich einen Regenbogen gesehn.
Ich wollt so gern hinauf- und hinübergehn.
Doch hatt ich kein Glück,
als ich mich ihr näherte, der Brück.
Sofort und sogleich verschwand
in der Luft das farbige Band.

Einmal möcht ich auf dem Regenbogen gehn.
Auf der Brücke zum Himmel - das wär schön!
Und von dort oben auf die Erde hinunter sehn.
Vielleicht bleibt er das nächste Mal länger bestehn.

Nächtlicher Sturm

Heute Nacht ist Sturm.
Wie ein riesen Drachenwurm
jagt er durch die Luft,
dieser, dieser Schuft.

Er wirbelt alle Lüfte auf,
lupft da und dort die Dachziegel auf.
Der Sturm ist eigentlich schon ein Orkan,
einer, der sich gar nicht mehr beruhigen kann.

Der Sturm heult durch die Nacht,
daß keiner mehr ein Auge zumacht.
Vor Angst und Schrecken
kriechen die Leute unter ihre Decken.

Er fegt durch der Tannen- und Laubbäume Geäst
und packt, was nicht niet- und nagelfest.
Er bläst das Futter aus dem Vogelhaus
und hebt ganze Bäume aus dem Erdreich aus.

Es ist ein Krachen, Zittern und Beben.
Gleich wird er das Gartentor aus den Angeln heben.
See und Teich wühlt er auf.
Nichts besänftigt ihn, keiner hält ihn auf.

Er rüttelt an Roll- und Fensterläden,
freut sich über die entstand'nen Schäden.
Mit einer mächtigen Kraft und Gewalt
schlägt sie um sich, die Drachenwurmgestalt.

Dann ist es still - Ruhe nach dem Sturm.
Er ist erschöpft, der Drachenwurm.
Er hat sich ausgetobt und muß jetzt ruhn.
Für eine Weile kann er, Gottlob, nichts mehr tun.

Irgendwo hinter den Wolken ist er zu Haus.
Dort ruht er sich bis zum nächsten Mal aus.
Überall Chaos - Chaos hat er uns beschert.
Wo er nur konnte, hat er zerstört.

Herbst

Der Tag wird kürzer und länger die Nacht.
Die Blätter fallen vom Baume leis und sacht.
Wenn der Wind sein Herbstlied singt,
das in allen Lüften erklingt.

An den Sommer erinnert noch die letzte Rose.
Doch auf den Wiesen blüht jetzt die Herbstzeitlose.
Zu des Herbstes Boten gesellen sich auch
die roten Vogelbeeren und die Hagebutten am Strauch.

Die Natur leuchtet im bunten Gewand.
Die weißen Nebelfeen ziehen durch das Land.
Die Erde ist mit braunem Laub übersät.
Er raschelt so schön, wenn man darin geht.

Komm heraus, liebes Kind!
Geschwind, geschwind!
Dreh dich mit im Blätterreigen
und laß deinen Drachen zum Himmel steigen.

Hole wie auch manches Tier
die Früchte des Herbstes dir!
Nimm Eicheln und Kastanien mit nach Haus!
Mach Figuren und eine Kette daraus!

Tanze in dem Blättermeer!
Hüpf und springe hin und her!
Nütze die goldene Jahreszeit!
Bald trägt die Natur ihr Winterkleid.

Der Alltag ist gar nicht so grau

Weil jedes Kind ein Sternchen hat

Bist du traurig, ohne Trost, liebes Kind?
Schau zum Himmel, wo all die Sternchen sind.
Der Himmel hat an dich gedacht,
hat für jedes Kind ein Sternchen gemacht.

Für dich, nur dich ganz allein
will dieses Sternchen ein Lichtlein sein.
Mag es dir leuchten in der Dunkelheit
in Einsamkeit und Traurigkeit.

Magst dein Sternlein abends grüßen,
eh sich deine Äuglein zum Schlafe schließen.
Magst in des Sternleins Antlitz schaun
und ihm deine Kümmerchen anvertraun.

Vielleicht nimmst du auch die Sternenglöckchen wahr,
die silbern klingen, hell, rein und klar,
die dich in den Schlaf hineinsingen
und noch in deinen Träumen erklingen.

Weißt du, daß du einen Schutzengel hast?

Weißt du, daß du einen Schutzengel hast?
Auf dieser Welt ein himmlischer Gast,
der dich überall und allzeit begleitet,
und dich auf all deinen Wegen geleitet.

Ein himmlischer Freund, der dich gerne stützt
und dich in allen Gefahren beschützt.
Du darfst dich ihm anvertrauen,
darfst auf ihn zählen und auf ihn bauen.

Doch nimmst du ihn nicht mit den Augen wahr.
Denn er ist für dich völlig unsichtbar.
Du kannst ihn nur mit dem Herzen spüren,
glaubst du an ihn und öffnest du deines Herzens Türen.

Du mußt ihn nur rufen und bitten
und ihm dein traurig Herz ausschütten.
Läßt du dich von ihm führen,
wirst du auch seine Nähe spüren.

In München, da ist es schön.
Ein Spaziergang durch München.

Grüß Gott bei uns in München, liebe Leut, und Servus!
In unsrer Münchner Stadt am grünen Isarfluß.
Servus und Grüß Gott in München an der Isar
bei unsrer zentnerschweren bronzenen Frau Bavaria.

Bei uns in München, da ist es schön.
Denn in München, da gibt's allerhand zu sehen.
Schlösser, Kirchen, Türme und noch viel mehr.
Von überall kommen die Leut zu uns her.

Verschiedene Tore führen in das Herz
der Welt- und Millionenstadt mit Herz:
Das Sendlinger- und ebenso das Isartor,
das Karlstor und in Schwabing noch das Siegestor.

Wir führn Euch gleich in einen Biergarten hinein
und laden Euch zu einer echten Münchner Brotzeit ein:
zu Radi, Brezn, Leberkäs, Weißwurst und Bier.
Guten Appetit und Prost, das wünschen wir.

Dann seid Ihr gestärkt und es geht los.
Am besten gleich mit unsrer Residenz, einem alten
Schloß.
Auf geht's, liebe Leut!
Laßt uns mit der königlichen Residenz beginnen,
wo ein Wunschbrunnen rauscht im Hofe innen.

Doch pünktlich um elf müssen wir auf dem Marienplatz
sein.
Dort lädt uns der Rathausturm zum Schäfflertanz ein.
Vom Rathaus ist es nicht weit zum Viktualienmarkt,
wo wir Gemüse bekommen, Obst und Blumen aller Art.

In den vielen Kirchen erhalten wir den Segen,
den wir so brauchen auf unseren Wegen:
in der alten Peterskirch und in der Gebrüder Asam Kirch,
in der Michaels- und in Sankt Kajetan, der Theatinerkirch.

Die Frauenkirch, der Dom, ist das Wahrzeichen der Stadt,
die nirgendwo auf der Welt ihresgleichen hat.
Mit den Zwiebelhauben auf ihren beiden Türmen
trutzt die Kirche jedem Wetter und allen Stürmen.

In München herrscht eine Harmonie,
die das Leben hier verschönt,
weil überall Musik ertönt -
auf den Straßen, den Plätzen und in der Philharmonie.

Und die Maler mit ihrer Kunst
standen bereits in der Könige Gunst.
Drum haben sie die vielen Bildermuseen gebaut,
wo man heut gern die Bilder berühmter Maler anschaut.

Aber auch die anderen Museen
in München lassen sich sehen:
die Antikensammlung und das Deutsche Museum,
Glyptothek und Bayerisches Nationalmuseum.

Doch bevor wir zur nächsten Sehenswürdigkeit eilen,
wollen wir im Hofgarten ein wenig verweilen.
Vielleicht könnt Ihr dort bei starkem Föhn
sogar das Münchner Kindl sehen.

Laßt uns auch durch den Englischen Garten spazieren.
Er ist so groß, daß sich manche darin verlieren.
Dort führn die Münchner auch ihre Zamperl Gassi,
den Lumpi, den Ferdi, den Waldi und den Maxi.

Am Chinesischen Turm können's dann verschnaufen,
bei Radler, Brezen, Käs und Radi,
Knochen und Wasserl für den Waldi,
ehe Herrchen und Hund wieder weiterlaufen.

Von hier aus sind wir gleich in Schwabing drin.
Dort zog es immer schon die Maler und die Dichter hin.
Ja, München hat viele berühmte Leut.
'S ist wohl wegen der berühmten Gemütlichkeit.

Heinrich und Thomas Mann, Frank Wedekind,
der Richard Strauss, als echtes Münchner Kind,
Franz Marc und die beiden Karle Spitzweg und Valentin.
Letzterer ist heut noch in seinem Musäum drin.

Der Berühmtheiten gibts noch viel, viel mehr.
Einige kamen 1972 zur Olympiade her.
München ist nämlich auch Olympia-Stadt.
Wirklich, eine Stadt, die alles hat!

So haben wir noch die Ludwig-Maximilians Universität.
Der Tierpark Hellabrunn ist eine Rarität.
Unser bayrisches Parlament ist im Maximilianeum
und die Marionetten-Sammlung im Stadtmuseum.

Löwen sitzen da, dort und hier.
Denn der Löwe ist das bayrische Wappentier.
Die Löwen sind friedlich und ungefährlich.
Freundlich grüßen sie jeden und sind ganz manierlich.

Und zum Abschluß, liebe Freunde, liebe Gäst,
laden wir Euch noch ein auf das Oktoberfest.
Wir setzen uns im Bierzelt gemütlich an einen Tisch
und genießen zum Bier a Hendl und an Steckerlfisch.
Wir blicken dann bei der Fahrt mit dem Riesenrad
von oben noch einmal auf die schöne Münchner Stadt.

Pfüa Gott! Auf Wiedersehn!

Auf dem Viktualienmarkt

Auf dem Viktualienmarkt ist es interessant.
Da gibt es Obst, Gemüse und noch so allerhand.
Es ist eine Menge zu sehn.
Ich kann es wirklich empfehlen, öfter dorthin zu gehn.

Fast an jedem Stand
steht eine Marktfrau in farbigem Gewand.
Bei der Frau dort mit der bunten Schürze
bekommst du vor allem fremdländische Gewürze.

Mit freundlichen Mienen
verkaufen sie Apfelsinen und Mandarinen.
Und die Marktfrauen schwören:
Alles ist bei uns frisch, nicht nur die Möhren.

Taschen und Körbe in der Hand
begeben sich die Leute von Stand zu Stand.
Sie kaufen Gemüse, Obst und so allerlei.
Geflügel und Fisch ist auch dabei.

Frische Eier kauft Frau Meier,
außerdem Äpfel für den Strudel
und Tomaten für die Nudeln.
Schließlich besorgt sie noch Pflaumen für den Kuchen.
Ach, das möcht ich am liebsten gleich alles versuchen.

Frau Müller holt Heidel-, Him- und Stachelbeeren
und für das Fleischgericht noch Preiselbeeren,
auch China-, Blumen-, Rosenkohl, -
Sie alle schmecken wohl, jawohl.

Gerne bereitet Renate
ihrer Figur zuliebe Gemüse und Salate.
Denn dann - Gott sei Dank -
bleibt sie immer rank und schlank.

Auch kauft sie gerne Knoblauch ein,
jedoch wegen des Geruchs, nur wenn sie am Abend ist
allein.
Denn der Knoblauch ist nicht nur gesund für den Bauch,
sondern für das Gehirn und den Blutkreislauf auch.

Auf dem Viktualienmarkt gibt es für jeden was:
Radieschen für Fräulein Lieschen,
für Simone eine Zitrone,
für Hermine eine Clementine,
für Monika in allen Farben Paprika,
Karotten für Fräulein Lottchen,
und für mich, wenn Sie erlauben,
ein Pfund von den süßesten Trauben.

Und, das möcht ich noch sagen:
Es gibt auf dem Markt nicht nur was für den Magen,
auch für das Herz ist was dabei,
nämlich der Blumen vielerlei.
(Wie du weißt, schenken Blumen Freude
und trösten die Menschen im Leide.)

Ja, auf dem Viktualienmarkt ist es schön.
Du mußt auch nicht immer was kaufen.
Es macht genauso Spaß, einfach nur herumzulaufen
und die vielen Sachen anzusehn.
Auf Wiedersehn!

Kinder, eßt Gemüse und Salat

Kinder naschen gerne süße Sachen -
Schokolade, Bonbons, Zuckerstangen,
Mohrenköpfe, Brause, Gummischlangen -
die aber ihre Zähne schadhaft machen.
Gemüse, nein, Gemüse eß ich nicht!
So manches Kind bei Tische spricht.

Doch Kinder hört den guten Rat!
Eßt Gemüse und auch den grünen Salat.
Dies hält Leib und Zähne gesund
und Euer Bauch wird nicht zuckerrund.
Eßt Gemüse in jeder Variation
und täglich in jeder Saison!

Probiert Erbsen und grüne Bohnen!
Es wird sich ganz sicher lohnen.
Ebenso Paprika, Gurken und Tomaten
in Gemüse und verschiedenen Salaten.

China- , Blumen-, Rosenkohl -
das tut der Verdauung wohl,
vor allem noch das saure Kraut,
auch wenn's Euch davor etwas graut.

Wir empfehlen Rettich oder Radi
und für Salat und Suppe Sellerie,
Weiß-, Rot- oder blaues Kraut
weil man ja auf die Gesundheit schaut.

Rote Beete im Salat oder zu Saft gepreßt.
Daß Ihr mir aber den Endivien nicht vergeßt!
Auf Butterbrot Schnittlauch und Radieschenlein,
mit Salz, das schmecket köstlich fein.

Gelegentlich mit Knödeln ein Pilzgericht.
Nehmt mir aber bitte die gift'gen Pilze nicht!
Und wenn Ihr danach habt Verlangen,
dann leistet Euch doch auch mal Spargelstangen.

Eßt Karotten, Möhren oder Gelberüben,
damit Euch nicht die Augen trüben.
Vergeßt nicht den Grünen Salat
und ab und zu auch etwas Spinat.

Es ist keine schlechte Idee,
bereitet Ihr aus dem Fenchel nicht nur Tee,
sondern ebenso Salat und auch Gemüs
wie aus dem Lauch und dem gelben Kürbis.

Gemüse und Salat mit Kräutern zart und frisch
täglich auf den Mittags- und den Abendtisch.
Kinder, das hält fit!
Wir wünschen allseits guten Appetit.

Beim Bäcker Semmelmeier

Guten Morgen, liebe Leut!
Ja, was kriegen wir denn heut?
Hier beim Bäcker Semmelmeier
sind die Semmeln gar nicht teuer.

Semmeln, Brezen, Brot und Kuchen -
man muß alles hier versuchen -
duften, daß das Herz Euch lacht,
alles frisch und selbstgemacht.

Brote mit Gewürz und ohne,
damit man seinen Magen schone.
Schinken-, Käse-, Zwiebelfladen.
Das könnt ich jetzt gut vertragen.

Käse-, Kirsch- und Apfeltaschen
und manch Andres noch zum Naschen,
Plunderstück um Plunderstück -
leider macht das etwa dick.

Nuß- und Marmeladenschnecken,
Kokosecken, ferner noch Rosinenwecken,
Marmor-, Käse-, Apfelkuchen -
es muß seinesgleichen suchen.

Semmelbrösel, Knödelbrot,
für die Gesundheit Vollkornbrot,
Käse-, Bier- und Laugenstangen. -
Bitte sehr, ganz nach Verlangen!

Ja, beim Bäcker Semmelmeier
gibt es alles und nicht teuer.
Semmeln, Brezen, Wecken, Schnecken.
Kauft, Ihr Leut, und laßt's Euch schmecken!

Teigschlecken

Zucker, Eier, Mehl und Butter.
Heute bäckt sie, meine Mutter.
Schwarz-weiß, einen Marmorkuchen.
Bald kann ich den Teig versuchen.

Alles zusammen gut verrühren.
Und zwischendurch den Teig probieren.
Backpulver und etwas Milch dazu.
Gleich ist er fertig der Teig, im Nu.

Nun wird die Teigschüssel ausgeleckt.
Ei, wie das schmeckt! Wie das schmeckt!
Ich nehme meistens die Finger dazu her.
Mit dem Löffel ist es mir zu schwer.

Oder ich halte die Schüssel ganz dicht
direkt vor meinem Angesicht.
Dann hol ich den Teig mit der Zunge heraus
und lecke die Schüssel sauber aus.

Ja, wenn meine Mutter Kuchen bäckt,
wird die Teigschüssel stets ausgeleckt.
Viel lieber als der Kuchen ist mir sein Teig.
Vollstopfen könnt ich mich mit dem Zeug.

Erdbeer-, Himbeer-, Schokoeis

Eßt Erdbeer-, Himbeer-, Schokoeis!
Draußen ist es sommerheiß.
Eis in Tüten und kugelrund.
Hinein, hinein in Euren Mund!

Ganz besonders zu empfehlen -
bitte, Ihr könnt wählen -
Vanille-, Pistazien- und Mokkaeis,
extra frisch, das sauere Zitroneneis.

Und nicht zuletzt auch Haselnuß -
schmeckt fast so wie ein echter Kuß.
Mit einer Sahnehaube drauf,
wie ich es mir am liebsten kauf.

Um die Kugeln rundherum schlecken.
Kinder, Kinder, laßt's Euch schmecken!
Kühl und süß ist er, der Eisgenuß,
leider auch kurz, im Nu ist wieder Schluß.

Sollten wir alle Knoblauch essen?

Eine Wunderpflanze ist der Knoblauch geradezu.
Man wird uralt und bleibt trotzdem jung.
Denn er hält den Blutkreislauf in Schwung.
Doch riecht man danach so fürchterlich, puh!

Dieser unerträgliche Geruch
lastet auf ihm wie ein böser Fluch.
Viele essen den Knoblauch deshalb nicht gern,
bleiben einem doch sonst die Leute fern.

Manche Speise wird aber erst richtig fein,
gibt man etwas Knoblauch in sie hinein.
Doch nicht ohne Reue bleibt das Genießen.
Wegen des Geruchs mußt du danach um so mehr büßen.

Der Geruch ist also das Problem.
Keiner riecht den Knoblauch gern.
In diesem Nachteil läßt sich aber gleich ein Vorteil sehn.
Der Geruch hält dir nämlich auch unliebsame Leute fern.

Auch vertreibt er das Ungeziefer dir
und sogar manch gefährlichen Vampir.
In vieler Hinsicht also zeigt sich:
Der Knoblauch wäre für den Menschen nützlich.

Und eines ist am Knoblauch höchst sonderbar:
Hast du ihn selbst genossen, nimmst du ihn nicht mehr
wahr.
Man riecht ihn durch seine Nase nämlich nicht,
wenn man selbst nach Knoblauch riecht.

Vielleicht wäre also das Problem zu lösen,
würden alle den Knoblauch essen?
Ohne darüber nun lange zu sinnieren,
sollten wir es am besten mal ausprobieren.

Das Haar in der Suppe

Weil die Köchin nicht achtsam war,
schwimmt in der Suppe jetzt ein Haar.
Was auf dem Haupt den Menschen ziert,
ihn in der Suppe arg geniert.

Der eine nimmt es gar nicht wahr.
Der andre sieht gleich die Gefahr,
daran ganz elend zu ersticken,
will es im Halse sich verstricken.

Was ist schon so ein Haar, verflixt?
Schmeckt doch nach nichts.
Ist dünn und auch fast unsichtbar.
Auf dem Kopf es sogar mal nützlich war.

Doch läßt das Haar nur jene fluchen,
die mit der Lupe danach suchen.
Die andern regen sich nicht auf.
Ihnen fällt das Haar nicht auf.

Feuer

Das Feuer ist für den Menschen lebenswichtig,
da es Licht und Wärme spendet,
und noch zu vielen andern Dingen wird verwendet.
Doch sei im Umgang mit dem Feuer allzeit vorsichtig.

Das Feuer ist dir ein guter Freund.
Schnell wird es aber zu deinem schlimmsten Feind,
wenn du nicht achtsam bist,
es frei läßt und ihm Nahrung gibst.

Es verschlingt mit einer Gier
besonders gerne Holz, Öl und Papier.
Schnell nimmt es seinen Lauf.
Man hält es kaum noch auf.

Es frißt alles, woran du lange warst gewöhnt,
und alles, was dein Leben hat verschönt.
Rasend schnell frißt es dein Hab und Gut.
Was übrig bleibt, ist nichts als Asche und Glut.

Das Feuer ist im Grunde hilfreich und gut.
Es trägt keine Verantwortung für das, was es tut.
Das Feuer ist wie ein wildes Tier:
Wie es sich verhält, liegt allein an dir.

Mit der Mode gehn (?)

Viele glauben, sie müssen mit der Mode gehn.
Immer mit der Mode gehn, dann ist man schön.
Doch manchmal muß man staunen
über der Mode wechselnde Launen.

Die Mode uns allerhand diktiert.
Jeder trägt's, kaum einer sich geniert.
Einmal kurz, dann wieder lang.
Was kommt als nächstes? Mir ist schon bang.

Ohne sich nach dem Geschmack zu fragen,
ist man bereit, alles und jedes zu tragen.
Trägt man etwas auch mal nicht gern,
so tröstet man sich, es ist halt modern.

Weshalb kauft man sogar das, was nicht gefällt
und obendrein auch noch kostet so viel Geld?
Zum einen bringen wechselnde Moden eben
allerhand Abwechslung in das Alltagsleben.

Zum andern, weil es ja schließlich jeder tut.
Und was jeder tut, denkt man, ist immer gut.
Nun ja, und selbst wenn sie keinem so recht gefällt,
so verdienen doch einige an der Mode eine Menge Geld.

Vom Wecker

Der Wecker ist eine Uhr, die weckt
und einen früh morgens fürchterlich erschreckt.
Nichts hab ich auf der Welt wie den Wecker so dick.
Der aber kann nichts dafür, Wecken ist sein Geschick.

Der Wecker ist ein nützlich Gerät.
Ohne ihn käme mancher oft zu spät.
Schrecklich ist nur, wird man aus dem Schlaf gerissen,
würde man lieber noch träumen in seinen Kissen.

Wohl kaum gibt es eine andre Form des Weckens
zur Vermeidung des morgendlichen Erschreckens.
Nicht durch der Glocken Geläut, auch nicht durch einen
Hahn
man jeden allzeit verläßlich wecken kann.

Und schlafen so lange es gefällt,
geht eben nur bei wenigen auf dieser Welt.
Auch verschläft man dabei sein Leben.
Ich glaube, das würde uns nichts geben.

Der Spiegel an der Wand

Keiner sagt die Wahrheit so schonungslos
wie ein Spiegel - ob er klein ist oder groß.
Es ist egal, ob arm oder reich -
beim Blick in den Spiegel geht's allen gleich.

Pickel, Warzen, Knollennasen
oder auf den Lippen dicke Blasen -
der Spiegel kann dies alles zeigen.
Er will die Wahrheit nicht verschweigen.

Beine krumm, dünn oder dick
und nach dem Aufstehn ein verschlafner Blick.
Doch nicht nur das zerzauste Haar am Morgen,
Er zeigt dir auch, wenn dein Gesicht gezeichnet ist von
Sorgen.

(Und stell dir vor, er spiegelte auch deine Gedanken.
Wahrscheinlich würdest du dich ganz schön bedanken.)

Sehr oft man regelrecht erschrickt:
"Mein Gott, das in dem Spiegel bin ja ich!"
Die Sache ist wirklich verzwickt.
Hier grüße ich auf einmal mich.

Würdest du ihn auch am liebsten zerschlagen,
will er dir gar nichts Schönes sagen.
So ist es dennoch interessant,
sieht man sich selbst im Spiegel an der Wand.

Vom Besen

Über den Besen ein Gedicht?
Unglaublich, wirklich, unerhört!
Auch die Dichter wissen heute nicht,
was sich gehört.

Ein Gedicht über den Besen?
Wer wird das schon lesen!
Nein, diese Dichter heut!
Es ist eine Geschmacklosigkeit!

Was so ein Besen aber alles erzählen kann!
Nein, in der Tat, da staunet man.
Vor allem ein Besen, der die Straßen fegt,
aber auch ein Besen, der die Wohnung pflegt.

Handbesen, Reisigbesen, Besen für den Stall -
ja, Schmutz zu kehren, gibt es überall.
Am schlimmsten aber ist es auf den Straßen.
Nicht zu glauben, was die Leute alles fallen lassen.

Einiges kriegt so ein Besen zu sehn,
Daß ihm manchmal die Haare zu Berge stehn.
Denn zum Staub und Straßendreck
werfen die Leute noch allerhand weg.

Zeitungen, Taschentücher und Tüten aus Papier,
Flaschen und Dosen von Limo, Saft, Schnaps und Bier,
Schalen von Apfelsinen und Bananen -
was der Besen alles sieht, läßt sich kaum erahnen.

Der Besen lernt den Schmutz und die Menschen kennen.
Seine Verdienste wollen diese aber nicht anerkennen.
Sie verachten den, der sie von ihrem Schmutz befreit.
Ja, ja, so sind sie die Leut!

Ich habe einen neuen Hut

Neulich bekam ich einen grünen samtenen Hut.
Mein Spiegel sagt, er steht mir gut.
Er sieht aus wie ein grüner samtener Suppentopf,
ziert, wärmt und vergrößert jetzt meinen Kopf.

Ein Hut wie aus uralter Zeit.
So etwas ist heut wieder modern.
Ich setz ihn auf bei jeder Gelegenheit
und trage ihn furchtbar gern.

Seine Krempe wie ein Dach so breit
schützt Augen und Brauen, wenn es schneit.
Hat vorn eine Schleife, riesig wie ein Propeller.
Damit geht man, stellt Euch vor, viel schneller.

Den Hut, der für die kalten Tage gedacht,
möcht ich immer tragen, weil er mich auch größer macht.
Ich bin gewachsen, gleich um einen ganzen Kopf.
Wär ich doch sonst nur ein recht kleiner Tropf.

Halt mich jetzt aber allzeit auf der Hut
mit meinem grünen beschleiften samtenen Suppentopfhut.
Daß ich ihn nur ja nicht verlier und vergeß.

Die Welt der Stille

Nicht jeder kann die Stille ertragen.
Mancher empfindet geradezu Unbehagen.
Hörst du doch wie das Herz in dir schlägt,
und wie dein eigner Atem geht.

Ich habe keine Angst, bin ich mit der Stille allein.
Und gerne höre ich in die Stille hinein,
Es ist als wären unsichtbare Wesen im Raum.
Oft hab ich Zweifel, ob ich wach bin oder im Traum.

Was sonst kaum wahrnehmbar,
höre ich jetzt deutlich und klar:
Wenn eine Nadel zu Boden fällt -
als befänd ich mich in einer andren Welt.

Oh, es ist wunderbar!
Manchmal ist mir sogar
als hörte ich zarte Elfengesänge
und von fern die sphärischen Klänge.

Mach auch du diese Reise
in die Welt der Stille - leise, leise ...

Kinder und Leut

Die Kinder sollen entscheiden

Laßt doch die Kinder regieren!
Denn sie können viel mehr als die Politiker kapieren.
Dann ist endlich Schluß
mit dem ewigen Verdruß.

Kinder sind nämlich überhaupt nicht dumm.
Sie können klar unterscheiden zwischen grad und krumm.
Einfach nur so verstehen sie recht vieles schon.
Die Gelehrten nennen dies die Intuition.
Auch ist das Kind von Arglist frei und und Falschheit.
Es sagt uns immer irgendwie die Wahrheit.

Laßt also über vieles in der Welt
die Kinder entscheiden.
Denn denen geht es nicht ums Geld
und wir müßten dann nicht mehr leiden.

Kind sein ist manchmal schwer

Halt dich gerade,
sonst wirst du krumm. - Das wär doch schade!

Lach bitte nicht so laut,
weil sonst ein jeder auf uns schaut.

Mach dich nicht schmutzig
und benimm dich bei Tante Agathe recht putzig!

Wasch dir den Hals und die Ohren!
Und denk daran, du sollst nicht in der Nase bohren.

Sei pünktlich und so weiter
und werde endlich mal gescheiter!

Und sei jetzt bitte still,
wenn ich doch fernsehen will.

Schmatz nicht so laut!
Du weißt schließlich wie man richtig kaut.

Sei bitte so nett
und mach gleich nach der Schule dein Bett.

Und daß ich es auch noch schnell erwähne,
putz dir sofort nach dem Essen die Zähne.

Tu dies, tu das und jenes
und schenk mir zum Geburtstag dann was Schönes!

Denkt sich da das Kind:
Habt mich doch alle gern!
Ich will mich jetzt um nichts mehr schern.

Ich möcht mal ...

Ich möcht mal schmatzen und schlürfen
und so richtig patzen dürfen.
Möchte mit Porzellan jonglieren
und einfach so allerhand ausprobieren.

Möcht mich rundum schmutzig machen,
schreien, laut sein und von Herzen lachen.
Möcht gern singen und musizieren
und auch ein bißchen mit Farbe schmieren.

Ach wenn ich nur könnte und dürfte ...
Ich möchte, ich würde, ich täte ...

Ach, ich hätt so gern viele Tiere,
aber ohne, daß dann im Haus einer explodiere.
Und ich möcht so gern klettern und toben.
Aber dann würde mich ja keiner mehr loben.

Ich mag zu Hause nicht immer so viel allein sein.
Mag nicht ständig unter den Sorgen der Großen leiden
müssen.
und für alles und jedes büßen müssen.
Ich möchte ganz einfach mal Kind sein!

Wir Kinder klagen an

Unsre Erde ist im All der einzige Planet,
auf dem sich menschliches Leben regt.
Alles, was er braucht zum Leben,
kann die Erde dem Menschen geben.

Und trotzdem - so klagen wir Kinder Euch an -
kümmert Ihr Euch nicht darum
und geht mit der Erde um,
als ob man sie jederzeit ersetzen kann.

Zu Umweltverhalten in vielen kleinen Dingen werden wir
erzogen.
Doch wenn wir sehen, was Ihr im Großen macht,
dann fühlen wir uns nicht nur ausgelacht,
sondern geradezu betrogen.

Es ist doch immer dasselbe, es geht ums Geld.
Und dafür verkauft und zerstört Ihr unsre Welt.
Wie eine Ware verbraucht Ihr die Schätze der Natur.
Doch wir passen jetzt auf. Glaubt uns das nur!

Trudchen spült Geschirr.

Teller, Tassen, Töpfe, Pfannen
und dann noch diverse Kannen,
Gläser und das Eßbesteck -
Trudchen spült jetzt alles weg.

Auf dem Boden kleine Pfützen.
Trudchen, bitte nicht so spritzen!
Und vor lauter Seifenschaum -
Trudchen sieht das Wasser kaum.

Ein Geklapper und Geklirr -
Trudchen spült Geschirr.
Leider gibt es manche Pannen
bei den Milch- und Kaffeekannen.

Auch sonst bei Glas und Porzellan
fängt es schon zu scheppern an.
Schepper, krach und klirr -
Trudchen spült Geschirr.

Suppenteller, Glas und Tasse, oh wei,
Milch- und Kaffeekanne sind entzwei,
auch Omchens alte Kuchenplatte
die Mamchen doch so gerne hatte.

An Mamchens altem Service
fehlt bald schon das und dies.
Trudchen regt sich da nicht auf,
kehrt die Scherben einfach auf.
Scherbenstück um Scherbenstück.
Ach, denkt Trudchen, dies bringt Glück.

Torten, Kuchen, Strudel

Torten, Strudel, Kuchen -
wer möcht das versuchen?
Mäxchen Huber leider, leider,
der nicht mehr paßt in seine Kleider.

Torten, Kuchen nur will er essen,
essen, essen, immer essen.
Außerdem noch Apfelstrudel
und mit Soße Rohr-, Dampfnudel.

Mäxchen ist ein muntrer Tropf.
Er ißt auch gerne Hefezopf.
Hefe ist in Zopf und Nudel.
Max geht auf wie eine Nudel.

Obst, Gemüse und Salat -
das, igitt, ist ihm zu fad.
Nichts als Torten, Kuchen, Strudel.
Er sieht schon aus wie eine Nudel.

Ja, wie eine Riesennudel sieht er aus.
Er paßt bald nicht mehr in sein Haus.
Torten, Nudeln, Strudel, Kuchen -
Kinder, laßt Euch nicht versuchen!

Heute gibt's Spaghetti

Heute, Kinder, gibt's Spaghetti
bei Fräulein Lisa-Ruth Raghetti.
Das Fräulein lädt uns alle ein,
beim Essen mit dabei zu sein.

Die Soße ist ihr wohl geraten
mit gehacktem Fleische und Tomaten.
Darüber streut sie Parmesan.
Man sieht, daß Lisa kochen kann.

Kommt nur herein!
Das Essen schmeckt köstlich fein.
Alles italienisch echt,
die Nudeln sind gerade recht.

Am Tisch sitzt Lisa-Ruth Raghetti.
Sie genießt Soße und Spaghetti.
Um den Hals eine riesen Serviett.
Das ist praktisch und auch nett.

Extra lange Spaghetti
bevorzugt Lisa-Ruth Raghetti.
Die Nudeln sind einen ganzen Meter lang.
Hier zeigt es sich, wer essen kann.

Lisa-Ruth benützt zu diesem Zweck
ihre Hände und kein Eßbesteck.
Ich brauch nicht Gabel, nicht Löffel, nicht Messer.
Mit den Händen, sagt sie, geht es viel besser.

Um ihren Finger wickelt Lisa-Ruth Raghetti
die einen ganzen Meter langen Spaghetti.
Hei, wie die Soße spritzt und tropft,
wenn Lisa die Nudeln in die Backen stopft.

Hei, wie es sich da schlürft und schmatzt
und so nach Herzenslust und Freude patzt.
Wie das Essen erst mundet und schmeckt,
wenn man die Finger in die Soße steckt.

Kinder, Kinder, das macht Spaß!
Kommt alle herbei, hier gibt es was.

Kicherliesen

Es trafen sich auf einer Wiesen
zwei Mädchen, es waren zwei Liesen.
Liese hieß die andere und Liese die eine
Zöpf hatte die eine und die andre hatte keine.

Sie begannen zu kichern und kicherten immerzu.
Liese, die eine und Liese, die andere dazu.
Kicher, kicher, zwei Kicherliesen.
Sie lachten und kicherten auf der Wiesen.

Die Liesen gingen weiter und zogen fort
und kamen in eine Stadt, einen Ort.
Sie kicherten und kicherten und wußten nicht warum.
Beide waren klug und keine war dumm.

Die Leute dort in dem Städtchen
schauten auf die zwei Kichermädchen.
Sie wunderten sich und staunten
über die zwei, die gut Gelaunten.

Diese kicherten und lachten
auch hinter der vorgehaltnen Hand.
Keiner wußte, warum sie's machten.
Bald warn sie allerorts als Kicherliesen bekannt.

Schlampinchen

Dieser Name kommt nicht von ungefähr,
sondern rührt von des Kindes Unarten her.
Schlampinchen ist eben wie der Name sagt,
so schlampig, daß ein jeder dies beklagt.

Schlampinchen oder auch Fräulein Schlamperliese -
ich würde mich bedanken, wenn ich so hieße -
räumt nichts, aber auch gar nichts auf.
"Auf Ordnung", sagt es, "ha, da pfeif ich drauf!"

Im Kinderzimmer liegt alles kreuz und quer:
Teddy, Ranzen, Bücher, Kleider,
Schuhe und das ganze Spielzeug, leider.
Dies Kind haßt nichts wie Ordnung so sehr.

In Schlampinchens Schultasche, oh Graus,
sieht es wie in einem Mülleimer aus.
Es räumt nichts aus, nichts ein.
"Nein", sagt es, "nein, das muß nicht sein".

Lehrer Obermeier, wie Lehrer nun mal sind,
verzweifelt nach geeigneten Maßnahmen sinnt.
Belohnung hin, Belohnung her -
keinen Rat weiß er sich mehr.

Auch daheim im Elternhaus
weiß man nicht ein noch aus.
Die Mutter sich den Kopf zerbricht.
Auch sie findet hier die Lösung nicht.

Schlampinchen hält das Ganze für kurios.
Was haben die Erwachsenen bloß?
Unordnung, denkt es, von Zwängen befreit.
Auch schafft sie eine gewisse Behaglichkeit.

Leseratten

Leseratten sind Buben und Mädchen
auf dem Lande und im Städtchen,
jung, älter oder alt,
von dicker und auch dünner Gestalt.

Leseratten sind übergefräßig
und im Bücher-Lesen ununmäßig.
Du mußt sie stets mit Büchern versorgen:
ihnen Bücher kaufen, schenken, borgen.

Ihr Lebens-Nährstoff
ist der Bücher Lesestoff.
Dabei haben sie mit der Verdauung wenig Plagen.
Denn sie verdauen den Stoff nicht in ihrem Magen.

Sie verdauen das Gelesne im Gehirn
hinter ihrer Leseratten-Stirn.
Dies schlägt sich nur dann auf den Magen,
können es Herz und Hirn nicht mehr vertragen.

Lesen, Lesen, Lesen.
Immer nur hinter den Büchern gewesen.
Von Büchern, nichts als Büchern umgeben -
gestern, heute, morgen, allzeit im Leben.

Der Morgenmuffel

Warum fängt der Tag bloß mit dem Morgen an?
Wo ich den Morgen doch nicht leiden kann!
Diese Frage stellt sich der Morgenmuffel oft,
wobei er insgeheim auf Verschiebungen im Tageslauf
hofft.

Doch er war noch nie anders der Tageslauf.
Er beginnt mit dem Morgen und hört mit der Nacht auf.
Dies alles beruht auf höheren Gesetzen,
durch Menschenhand nicht außer Kraft zu setzen.

Der Morgenmuffel haßt die frühe Morgenstund.
Für ihn hat sie auch kein Gold im Mund.
Alles geht bei ihm schief um diese Zeit.
Mir tut der Morgenmuffel richtig leid.

Oft hört er das Rasseln des Weckers nicht,
bis dieser vor Gerassel fast auseinanderbricht.
Oh, wenn ich den Morgen nur schon hinter mir hätte!
Denkt er bei seiner allmorgendlichen Toilette.

Er findet nicht in seine Kleider.
Die Socken sind zerrissen, leider.
Insbesondere aber beim Frühstücken
kämpft er mit allerhand Mißgeschicken.

Ein Schnitt in den Daumen mit dem Messer.
Das gekochte Ei nicht steinhart wäre besser.
Auf den Teppich tropft die Milch aus der Dose.
Statt auf dem Brot landet die Butter auf der Hose.

Der ganze Zucker auf dem Boden verstreut.
Kaffee verschüttet - wie mich der Teppich reut!
Die Wurst hat sich der Hund geschnappt.
Das frische Hemd vor Honig nur so pappt.

Auf seinem morgendlichen Weg ist er verträumt,
daß er nicht selten seinen Bus versäumt.
Am meisten aber ist er über die Leut empört,
deren Morgengruß ihn ganz besonders stört.

Ihn verdrießt die Freundlichkeit
nicht weniger als die Muffigkeit.
Doch hört! Ab elf Uhr zwei
ist des Morgenmuffels Muffelei vorbei.

Der Wurstl

Was es auch sei, Hunger oder Durst -
dem Wurstl, dem ist alles Wurst.
Wurst oder Wurscht, das ist egal.
Fest steht: Für ihn ist das Leben kein Jammertal.

Kann kommen, was da will,
der Wurstl hat immer das Gefühl:
Es ist mir Wurscht, ganz gleich -
hart oder weich, arm oder reich.

Regt Euch bloß nicht über alles auf!
Es ist doch Wurscht! Ich pfeife drauf.
Regnet es nicht oder regnet es ja.
Es ist doch Wurscht, sag ich, na klar!

Komm ich nicht heut, so komm ich morgen.
Darüber mach ich mir keine Sorgen.
Es ist doch Wurscht! Da lach ich ja!
Bin halt erst übermorgen da.

Tut ihm irgend etwas weh,
hört man ihn nicht klagen,
sondern statt "Au weh",
"Das ist doch Wurscht" nur sagen.

Selbst ein großer Geldverlust
schafft ihm noch lange keinen Frust.
Davon bekommt er kein graues Haar.
'S ist ihm doch Wurscht, da lacht er ja.

Dem Wurstl ist wirklich alles Wurscht,
nur eines nicht, aus Fleisch die richt'ge Wurst.
Wie will man auch sagen: "Die Wurst ist mir Wurst?"

Herr Fröhlich

Tralálalalá - Tralálalalá.
Hört Ihr? Herr Fröhlich ist da.
Er macht seinem Namen alle Ehre.
Man sagt, daß er immer fröhlich wäre.

Für wahr, ein jeder staunt,
Herr Fröhlich ist stets gut gelaunt.
Freundlich grüßt er jedermann,
daß keiner mürrisch bleiben kann.

Ansteckend wie eine Virus-Krankheit
sind Fröhlichkeit und Freundlichkeit.
Ein jeder gibt sie sogleich weiter -
und bald stimmt sie den nächsten heiter.
Und so weiter, und so weiter, ...

Der Tagedieb

Ein Dieb ist einer, das weiß jedermann,
der stiehlt, was er nur kriegen kann.
Er nimmt andern vor allem Schmuck und Geld,
auch Bilder, und was ihm sonst noch in die Hände fällt.

Ein Dieb, das ist ein Mensch, der stiehlt oder klaut,
und nicht auf das Recht und die Gesetze schaut,
ein Mensch, der in eine Bank oder ein Haus einbricht,
und dort durch Diebstahl großen Schaden anricht.

Doch was stiehlt ein Tagedieb, sag?
Nimmt er einem andern wirklich den Tag,
daß diesem nichts bleibt als die Nacht?
Und er dann nur noch schläft und nichts mehr macht?

Der Tagedieb stiehlt Gott den Tag, sagt man.
Ja, was tut er damit dann?
Eben nichts, nichts will er tun,
Die meiste Zeit einfach nur ruhn.

Ein Tagedieb ist also einer,
der das Faulsein liebt wie sonst keiner.
Er ist eigentlich kein Dieb, kein Bösewicht.
Nur arbeiten, das will er nicht.

Ohne irgendwelche Betätigung -
das ist für ihn die größte Befriedigung.
Über Menschen, die was tun, muß er lachen.
Ehrlich gesagt, mir würde das keine Freude machen.

Und wie denkst du?
Bist du ein Tagedieb?
Gib's zu!

Wir denken nach

Die Reise des Lebens

Das Leben ist wie eine große Reise
von der Kindheit bis hin zum Greise,
über der Entwicklung verschiedene Stationen,
mit Lernen und Erfahrung durch des Lebens Lektionen.

Es geht auf und ab - laut und leise -
für jeden Menschen ganz auf seine Weise.
Die Reise führt vom Anfang bis zum Ende.
Jede Station des Lebens bedeutet eine Wende.

Von des Kindes Unbeschwertheit und der Jugend
Übermut,
bis die Last des Lebens dann das Ihre tut
und den Menschen führet durch Erfahrung und Leid
zuletzt zu des Alters Reife, Ruhe und Gelassenheit.

Alles dreht sich wie im Kreise
auf des Lebens langer Reise:
von Jahreszeit zu Jahreszeit, von gestern zu heut,
von Kummer und Leid zu Glück und Freud.

In jedem Anfang steckt bereits das Ende.
Doch ist dies zum neuen Anfang schon die Wende.
Bis wir überschreiten die Grenzen von Raum und Zeit
in Vollendung des Geistes in der Ewigkeit.

80. Geburtstag

Heute ist bei uns ein großes Fest,
zu dem ein jeder eingeladen ist:
die ganze Familie, alle Verwandten,
alle Freunde und Bekannten.

Alle haben sich fein gemacht
und allerlei Geschenke mitgebracht -
die Nichten, die Neffen, die Onkel und Tanten -
alle Verwandten, die Freunde und Bekannten.
Denn heut ist ein ganz besondrer Tag:
Opa feiert seinen achtzigsten Geburtstag.

Da stehen wir nun und gratulieren.
Gleich dürfen wir die Torte probieren.
Die Vettern, die Cousinen oder Basen,
die Urenkelchen mit geputzten Nasen.
Der eine singt ein Lied, der andre spricht
für Großvater ein Geburtstagsgedicht.

Opa ist ist ja eigentlich mein Urgroßvater,
ebenso der Großvater von meinem Vater
und der Vater von meinem Großvater.
Zahlreiche Enkel und Urenkel hat er.

Achtzigmal hat sie geschlagen
meines Urgroßvaters Lebensuhr.
Drum hat er auch vor dem Großvater ein Ur.
Und drum gibt es so viel zu erzählen und zu sagen.

Großvater mit seinem weißen Haar
erzählt, was in seinem langen Leben war.
Er blickt zurück und erinnert sich.
Er war mal so alt und so klein wie ich.

Er war noch kleiner und jünger sogar
und hatte als Kind blond gelocktes Haar.
Werde ich auch mal so aussehn wie jetzt er?
Oder lebe ich in seinem Alter gar nicht mehr?

Urgroßmutter ist ja auch schon gestorben
und vor einiger Zeit auf dem Friedhof beerdigt worden.
Und was werde ich noch alles erleben
in meinem weiteren und späteren Leben?

Opa erzählt von Glück und Freud,
aber auch von Sorgen und Leid.
Sogar zwei Kriege hat es gegeben
in seinem langen, langen Leben.

Opa weiß so viel zu berichten
und er erzählt so viele Geschichten.
Alle fragen und reden und reden
an diesem Geburtstag über das Leben.

Und wieviele Geburtstage werden es noch sein?
Wie lange wird Urgroßvater noch bei uns sein?

Tobias fragt nach dem Sinn des Lebens

Seit seine Oma gestorben,
ist Tobias bewußt geworden,
daß er lebt,
und daß es Tod und Leben gibt.

Tobias denkt jetzt sehr viel nach.
Eine Neugier in ihm ist wach
für alle Dinge, die wir erleben.
Er fragt auf einmal auch nach dem Sinn im Leben.

Jeden will er fragen,
groß und klein.
Und irgend einer wird ihm dann schon sagen,
wo der Sinn des Lebens solle sein.

Ich möchte wissen, sagt mir:
Warum und wozu leben wir?
Die Leute schauen ihn alle verwundert an.
Und keiner weiß so recht, was er dazu sagen kann.

Die Frage läßt Tobias nicht mehr ruhn.
Tag für Tag dieselben Dinge tun.
Die Frage "Warum und wozu?"
begleitet ihn von nun an immerzu

Doch ohne daß er es merkt,
wird so sein Blick geschärft.
Er sieht manches, das er vorher nie gesehn,
und kann mit einem Mal verstehn: Es muß ein Sinn
bestehn.

Er merkt, daß es viele schöne Dinge gibt
und auch Menschen, die er liebt.
Er spürt, daß er andern eine Freude machen kann
und sich auch selber freuen kann.

Über die Traurigkeit

Ich mag es nicht, wenn ich traurig bin.
Etwas geht mir auch im Schlaf nicht aus dem Sinn.
Es bedrückt mich schwer in meinem Herzen
und verursacht quälende Schmerzen.

Es tut mir so weh,
wenn ich keinen Ausweg seh.
Ich kann nicht mehr ruhn,
doch auch nichts Rechtes tun.

Wenn es dir so ergeht, dann darfst du nicht verzagen
und sollst dich und vielleicht andre nach einem Ausweg
fragen.
Denn wenn ich nachdenke und überlege,
finde ich neue und manchmal bess're Wege.

Suchst du neue Wege,
dann wirst du nicht träge.
Unmerklich und ganz leise
wird man dabei auch ein Stückchen weise.

Grund zur Traurigkeit wird es im Leben
stets von neuem geben.
Wenn du das verstanden hast,
bist du in Zukunft auch darauf gefaßt.

Denk immer daran,
daß man das nicht ändern kann.
Und schließlich, nur wenn du manchmal traurig bist,
kannst du verstehn, was Glück und Freude ist.

Was ist Glück?

Der Mensch strebt nach dem Glück allein.
Kein Leiden mehr, kein Trauern,
das Glück soll ewig dauern.
Doch was heißt 'glücklich sein'?
Zum Glück führn die erfüllten Wünsche und erreichten
Ziele,
vor allem Ruhm und Reichtum, so denken viele.

Es zeigt aber unsre Erfahrung im Leben,
Ruhm und Reichtum nur können uns das Glück nicht
geben.
Auch ein erfüllter Wunsch und ein erreichtes Ziel
bringen uns oft nicht das ersehnte Glücksgefühl.
Was Glück also bedeutet, ist schwer zu verstehn,
und was glücklich macht, nicht leicht zu finden und zu
sehn.

Glück ist die Freude, die sich im Herzen regt
und uns für eine kurze Zeit bewegt.
Dies Gefühl ist zum einen nicht von Dauer,
zum andern nimmt man es nur wahr nach erlebter Trauer.

Glück ist auch der Zustand von Gelassenheit,
von Friede und von stiller Zufriedenheit.
Dies wiederum ist meist das Resultat
von dem, was man durchlitten und überstanden hat.

Glück kann nicht überall und zu allen Zeiten
für jeden Menschen ein und dasselbe bedeuten.
So ist die Bedeutung in der Tat schwer zu erfassen
und das Glück für uns nicht leicht zu fassen.

Über den Neid

Nichts schafft auf der Welt so viel Leid
wie der Neid, wie der Neid.
Daß dies immer schon so gewesen,
ist auch in vielen Büchern zu lesen.

Mancher ist zu jeder Tat bereit.
Aus Neid begeht er sogar eine Grausamkeit.
Auch wird aus Neid ein guter Freund
sehr schnell zum ärgsten Feind.

Der Neider neidet dem andern das, was er hat,
auch wenn dieser es sich sauer verdienet hat.
Er will dem andern einen Erfolg nicht gönnen,
möchte es lieber selber so können.

Der Neid beherrscht sein ganzes Denken.
Er kann sich davon nicht mehr ablenken.
Schließlich ist dem Neider alles egal
und er wünscht dem andern eine Qual.

Voll und ganz beherrscht der Neid seinen Verstand.
Der Neider hat sich überhaupt nicht mehr in der Hand.
Er denkt nur noch: Wie kann ich den andern quälen
und ihm das, was er hat, zerstören oder stehlen?

Wie läßt sich das erklären,
daß sich Menschen vor Neid verzehren?
Spürt der Mensch mit sich selbst keine Zufriedenheit,
dann wächst in ihm der Neid.

Vor allem denkt er nicht daran,
daß ein andrer auch Sorgen haben kann.
Doch schafft der Neid nicht nur dem andern Plagen.
Auch den Neider selbst läßt der Neid verzagen.

Oft kann der Neid die Seele ganz zerfressen,
so ist der Mensch davon besessen.
Der Neider empfindet also nicht nur gegen den andern
Haß.
Vor Neid macht ihm auch selber nichts mehr Spaß.

Keiner hat Zeit

Die meisten Menschen haben alles heut,
doch kaum einer hat noch Zeit.
Dabei tun sie alles, um keine Zeit zu verlieren.
Sie sind sogar bereit, dafür ihr Leben zu riskieren.

Immer wieder hört man die Leute sagen,
wenn andre sie danach fragen:
Hab keine Zeit, hab keine Zeit.
Dies zu hören, bin ich langsam leid.

Papa, laß uns doch spielen zu zweit.
Liebes Kind, dafür hab ich keine Zeit.
Mama, hast du denn Zeit für mich?
Zeit? Nein, Zeit hab ich leider nicht für dich.

Ein andrer hat keine Zeit zum Ruhn.
Er muß so viel wichtige Dinge tun.
Auch ging er gerne im Wald spazieren.
Doch darf er mit so etwas keine Zeit verlieren.

Was sind dies nur für Leut,
die sie noch haben die kostbare Zeit?
Sind sie alt oder jung, arm oder reich?
Aber Jahr und Tag sind doch für alle gleich.

Wo bewahren sie sie auf ihre Zeit?
In einer Schublade im Schrank
oder in einem Tresor bei der Bank?
Auf jeden Fall packt einen der Neid.

Warum hat der eine weniger, der andre mehr?
Wo bekommt letzterer die Zeit nur her?
Gern will ich es Euch erklären.
Ich weiß aber, Ihr werdet Euch empören.

Er kauft sie sich nicht für teures Geld.
Er nimmt sich Zeit so viel ihm gefällt.

Also, nimm auch du dir die Zeit!

Ein jeder sollte ein Geheimnis haben

Geheimnisse sind Gedanken oder Sachen,
von denen außer mir sonst keiner weiß -
Vielleicht noch du und ein kleiner Kreis -
und über deren Wahrung wir wachen.

So ist ein Geheimnis, wenn keiner weiß,
daß ich heimlich Winnetou heiß
und nur der diesen geheimen Namen kennt,
der sich dazu heimlich Old Shatterhand nennt.

Geheim sollte zum Beispiel auch sein
unser kleines Schatzkästlein.
Kein Mensch darf je erfahren,
was wir darin alles aufbewahren.

(Auch in diesem Gedicht
verraten wir es nicht.)

Ein Geheimnis sollte unbedingt bleiben,
was wir in unser Tagebuch schreiben,
oder daß es auf der Welt jemanden gibt,
den man schrecklich liebt.

Geheim halte ich auch meine Maus
oben auf dem Dachboden im Haus.
Heimlich bring ich ihr Käse und Speck
und manchmal sogar noch etwas Gebäck.

Ich habe keine Mutter mehr

Zu Hause ist es jetzt so leer.
Ich habe keine Mutter mehr.
Ich kann es nicht fassen.
Sie hat mich für immer verlassen.

Der Tod hat sie fortgetragen.
Wer hört jetzt meine Klagen?
Warum wurde mir meine Mutter genommen?
Ich bin vor Schmerz ganz benommen.

Mir wird auf einmal klar,
was sie alles für mich war.
Zu wem soll ich jetzt in meinen Nöten gehn?
Niemand würde mich wie Mutter verstehn.

Was auch immer geschah,
meine Mutter war für mich da.
Ich durfte mit allen Sorgen kommen
und habe immer Trost bekommen.

Aber nicht nur seelische Wunden konnte sie heilen.
Auch Glück und Freude durfte ich mit ihr teilen.
Ich war gewöhnt an die Geborgenheit.
Für mich war es eine Selbstverständlichkeit.

Mutters Leben war Arbeit und Verzicht.
An sich selbst dachte sie dabei nicht.

Tagaus, tagein hat sie das Essen bereitet.
Auf allen Wegen hat sie mich begleitet.
Waschen, Bügeln, Putzen - alles hat sie gemacht.
Keine Zeit für sich - daran hab ich nie gedacht.

Nie hat sie für mich etwas vergessen.
Nachts wachte sie an meinem Krankenbett.
Als ob sie ihren Schlaf nicht nötig hätt!
Der Verlust läßt sich nicht ermessen.

Nein, eine Mutter kann man niemals ersetzen.
Doch weiß man sie erst durch den Verlust zu schätzen.

Meine Trauer ist grenzenlos.

Ich kann nicht gut hörn

Ich kann nicht gut hörn.
Warum ich? Ich versteh es nicht.
Die Medizin kann es erklärn.
Doch das tröstet mich nicht.

Es heißt, ich sei behindert.
Ich weiß nur, daß es mich daran hindert,
Sprache, Musik und viele Geräusche zu verstehn,
und mit andern Menschen unbefangen umzugehn.

Die Welt der Töne erfahre ich nur verzerrt.
Und Hoffnung, daß es anders werde, ist mir verwehrt.
Oft verstehe ich nicht, was mein Gegenüber sagt,
und habe Angst, daß man nicht mag, wenn einer so oft
fragt.

Die Angst, ich könnte Dinge überhörn,
die vielleicht lebenswichtig für mich wärn,
begleitet mich auf Schritt und Tritt.
Oft nehm ich sie in meine Träume mit.

Dazu kann ich mich selbst nicht richtig hörn.
Dies alles muß an meiner Selbstachtung zehrn.
Doch die, die es können, wollen nicht hören, wenn ich
klage.
Ihr werdet verstehn, daß ich das alles manchmal nicht
ertrage.

Ich bin blind

Ich bin blind geboren.
Noch nie hab ich die Welt gesehn.
Manchmal fühl ich mich ganz verloren.
Könnt Ihr das verstehn?

Die Welt kann ich nur entdecken
über das Hören, Fühlen und Schmecken.
Ich hab mich selbst noch nie gesehn.
Könnt Ihr das verstehn?

Ich bin blind.
Was Farben sind,
werde ich nie verstehn.
Denn Farben erfaßt man nur vom Sehn.

Oft muß ich die anderen fragen.
Wenn sie mir aber Falsches sagen?
Doch ich muß darauf vertrauen.
Selbst kann ich ja nicht schauen.

Mir fehlt das Augenlicht.
Mein ganzes Leben
bin ich von Dunkelheit umgeben.
Wo ist der Weg zum Licht?

Meine Beine wollen mir nicht gehorchen

Andern gehorchen die Beine ganz automatisch,
mir nicht einmal, bitt ich sie flehentlich.
Das darf doch nicht sein!
Ich finde so etwas gemein.

Wozu hängen die Beine an mir dran,
wenn ich sie doch nicht bewegen kann?
Nur der Vollständigkeit wegen?
Das ist schließlich auch kein Segen.

Gehn möcht ich, einmal gehn!
Ihr könnt so etwas überhaupt nicht verstehn.
Ihr merkt nicht einmal, daß Ihr geht,
daß Ihr rennt, und daß Ihr dann wieder steht.

Auch stehn kann ich nicht.
Mein Leben ist nichts als Verzicht.
"Es ist zum Davonlaufen!" möcht ich da sagen.
"Doch wie soll ich das machen?" muß ich dann fragen.

Oft denk ich: Kann einer seine Beine bewegen,
kann es für ihn doch gar keine Sorgen mehr geben.
Daß manche nicht einmal gehn können, hat er immer zum
Trost.
Obendrein kann er noch davonlaufen. Ich bin erbost.

Und ich? Trost gibt es für mich keinen.
Niemals kann ich gehn und stehn.
Wem es nicht genauso ergeht, der kann dies nicht
verstehn.
Mir bleibt nur zu weinen.

Im Rollstuhl

Jeder sollte mal in einem Rollstuhl fahren,
um die Welt aus diesem Blickwinkel zu erfahren.
Nur so kann er verstehn, wie es dem ergeht,
der alles nur vom Rollstuhl aus sieht.

Der Rollstuhl muß dem Menschen die Beine ersetzen.
Ein jeder sollte sich mal in diese Lage versetzen.
Im Rollstuhl geht der Blick immer nach oben
zu denen, denen es besser geht da droben.

Auf dich schauen die Leute herunter.
Aber sie sind nicht freundlich und munter
wie sie es zu den kleinen Kindern sind.
Doch behandeln sie dich wie ein kleines Kind.

Viele empfinden den Anblick von Behinderten als
empörend,
und daß sie im Rollstuhl herumfahren als störend -
ganz anders als bei den Kleinen im Kinderwagen.
Viel Nettes hört man die Leute zu den Kindern sagen.

Im Kinderwagen ist man nur für eine begrenzte Zeit,
im Rollstuhl dagegen für eines Lebens Ewigkeit.
Die Kinder werden ihrem Wagen bald entwachsen.
Der Behinderte bleibt für immer verwachsen.

An der Gedenkstätte

Heute sind wir an der Gedenkstätte.
Hier hat man damals Menschen umgebracht.
Erhängt, ermordet, getötet, umgebracht.
Einfach umgebracht.
Warum?
Sie haben nur gedacht.
Sie haben anders gedacht.
Sie haben nachgedacht
und nicht alles mitgemacht.

Was haben sie getan?
Nichts.
Keinen umgebracht.
Nur anders gedacht.
Nichts haben sie gemacht.
Sie haben nur nicht mitgemacht.
Sie waren gegen das Töten, das Morden
und gegen den Krieg.
Dafür sind sie ermordet worden.

Sie waren für den Frieden.
Sie haben gemalt und geschrieben.
Sie haben nicht geschwiegen.

Und die Henker, die Schlächter, die Mörder?
Wer waren sie die Mörder?
Haben sie gedacht?
Haben sie nachgedacht?
Sie haben alles mitgemacht.
Sie sahen aus wie ich und du,
Menschen, wie ich und du.
Sie waren Kind, so wie jetzt du.
Was hat sie zu Mördern gemacht?
Haben sie nachgedacht?

Und wie ist es heute?
Gab es sie nur damals die Henker
und das Totengeläute
für die Denker, die Andersdenker?

Und du?
Wie wird es einst sein?
Zu wem wirst du gehören?
Zu den Denkern
oder zu den Henkern?
Laß dich nicht verführen!
Sag Nein!

Ach, wär ich doch ein Vögelein

Ach, hätt' ich wie die Vögelein
zum Fliegen richt'ge Flügelein.
So flög' ich aus der grauen Stadt,
wo man kaum Gras und Bäume hat.

So flög' ich weit fort
an einen fernen Ort,
an dem es Wald und Wiesen gibt,
an dem man vor allem auch Kinder liebt.

Dort möcht' ich wie die Vöglein immer singen,
und mit andern Kindern im Grase springen.
Wie die Vögel würd' ich mir auf dem Baum ein Nestlein
bauen
und von dort auf die Welt herunterschauen.

Ach, fliegen möcht' ich so gerne
irgendwohin in eine unbestimmte Ferne.
Hoch oben möcht' ich in den Lüften schwingen
und vielleicht der Sonne ein Ständchen bringen.

Aber das alles bleibt ein Traum.
Flügel bekomm ich wohl kaum.
Ich bleibe in der Stadt aus Stein
und beneide die muntren Vögelein.

Aber die Gedanken sind frei

Kein Mensch auf dieser Welt
kann immer nur tun, was ihm gefällt.
Sehr früh erfährt schon jedes Kind,
daß wir an Ordnung und Regeln gebunden sind.

Oft fühlen wir uns hilflos und klein,
so engen uns die Zwänge ein.
Und leider vergessen manche dabei:
Unsere Gedanken sind frei.

Man kann eines Menschen Freiheit beschränken,
doch ihm nicht verbieten, was er will zu denken.
In das Gehirn sieht keiner hinein.
Die Gedanken gehören dir allein.

Das sollte man sich zunutze machen
und zum Beispiel in Gedanken herzlich lachen.
Mußt du jemandens Ungerechtigkeit ertragen,
kannst du ihm in Gedanken "du Rindvieh" sagen.

Man kann dir dies und das zu tun gebieten,
dir aber niemals das Denken verbieten.
Unterschätze auch nicht der Gedanken Kraft!
Vieles wird allein schon durch die Gedanken geschafft.

Sei wie ein Baum

Wie ein Baum - tief verwurzelt in der Erden,
das Antlitz allzeit zum Himmel gericht,
nach oben wachsend zum Licht.
Wie ein Baum mögest du werden.

Wie ein Baum, der sich nähret von der Erde Saft
und aus des Himmels Lüften erhält die Kraft,
zu wachsen und reiche Frucht zu geben.
Danach mögest du allzeit streben.

Sei wie ein Baum, der fest im Boden steht,
der sich im Wind des Lebens mitbewegt
und in den Stürmen des Lebens besteht.
Sei wie ein Baum, dessen Anblick Freude erregt.

Wie ein Baum sei allen Lebewesen ein gastlich Haus
und schöpfe die Kraft stets aus dir selber heraus.
Wie ein Baum mögest du von dir geben.
Wie ein Baum mögest du dienen allem Leben.

Sei wie ein Baum,
der überdauert eines Menschen Zeit.

Von der Sprache und vom Dichten

Was die Dinge bedeuten

Du findest in deinem Lexikon
für alle Dinge eine Definition.
Doch können bei den verschiedenen Leuten
die Dinge etwas ganz andres noch bedeuten.

Was bedeutet zum Beispiel 'Brot'?
Für die einen ist es eine gewöhnliche Speise,
die es zu kaufen gibt, pfund- und kiloweise.
Für andre wär's eine Linderung der Hungersnot.

Schokolade ist eine Süßigkeit
und für viele Kinder eine Köstlichkeit.
Ganz anders denkt dagegen ein Backenzahn.
Denn ihn greift die Schokolade tödlich an.

Musik nun ist ein Gemisch aus Tönen.
Sie kann dem Menschen das Leben verschönen.
Doch wenn man sie zu laut vom Nachbarn hört,
fühlt man sich durch die edelsten Klänge gestört.

Eine Katze ist ein bestimmtes Säugetier.
Milch und Mäusefleisch schmecken ihr.
Für manchen Menschen ist sie der liebste Freund,
für die Maus jedoch der schlimmste Feind.

Bestehend aus Seiten von bedrucktem Papier
dient ein Buch der menschlichen Wißbegier.
So hat der eine am Lesen von Büchern Freud.
Dem andern aber bereitet es Mühe und Leid.

Ein Teddybär ist für die Erwachsenen nur
aus Plüsch genäht eine Spielzeug-Figur.
Für die Kinder aber ist er ganz lebendig.
Sie sprechen mit ihm und lieben den Teddy inständig.

Ja, mit der Bedeutung ist es gar nicht so einfach.
Für eine einzige Sache ist sie meist mehrfach.
Dabei kommt es immer auf den einzelnen an,
so daß nicht für alle dasselbe gelten kann.

Der Beispiele könnten es noch viele sein.
Bestimmt fällt auch dir etwas dazu ein.

Aus zwei mach neu

Ha, mit den Wörtern der Sprache
ist das eine lustige Sache.
Zaubern, was sonst fast unerreicht,
ist mit den Wörtern kinderleicht.

Vieles kann man mit den Wörtern machen.
Und oft muß man von Herzen lachen,
wenn man zwei Wörter zusammenklebt
und sich dabei eine besondre Sache ergibt.

So ist die Klobrille nicht für das Klo eine Brille zum Sehn.
Handschuhe sind nicht Schuhe für die Hand zum Gehn.
Und eine Rotznase meint weniger eine Nase, die rotzt,
als vielmehr ein Kind, das frech ist und trotzt.

Es ist so wundersam an unsrer Sprache,
braucht man nicht gleich für jede besondre Sache
einen ganz neuen Namen zu erfinden,
sondern kann vorhandene zu neuen Wörtern
zusammenbinden.

Aus Kaffee und Kanne
wird für den Kaffee die Kaffeekanne.
Ähnlich geht es mit dem Tee
und der Schaufel für den Schnee.

Oftmals haben die neuen Wörter nichts mehr zu tun
mit den beiden Wörtern, auf denen sie beruhn.
Sie sind ganz anders zu verstehn
als die Teile, aus denen sie bestehn.

So ist der Mohrenkopf nicht der Kopf von einem Mohr
und der Ohrwurm nicht ein Wurm im Ohr.
Der Mohrenkopf ist eine süße Speise
und der Ohrwurm eine einprägsame Weise.

Eine Kopfnuß ist nicht zum Essen eine Nuß
und der Negerkuß nicht eines Negers Kuß.
Der Bücherwurm ist nicht ein Tier, das Bücher frißt,
sondern ein Mensch, der viele Bücher liest.

Laß dich von einer Schmeichelkatze nicht verführen
und von dem Namen "Palmkätzchen" nicht irreführen.
Es ist nicht ein Kätzchen, das auf Palmen lebt,
sondern eine Pflanze, von der die Biene lebt.

Eine Ohrfeige möchte man manchmal manchem geben.
Dem Angsthasen fehlt der Mut zum Leben.
Ein Glückspilz nicht aus dem Boden schießt.
Und den Bienenstich man als Kuchen genießt.

Schafsköpf und Faulpelze sind manche Leut.
Der Faulpelz ist einer, der die Arbeit scheut.
Ein Frechdachs ist wie der Schmutzfink kein Tier.
Sei kein Pechvogel, das wünsch ich dir!

Der Beispiele ich noch genügend find.
Doch bist jetzt du dran, liebes Kind.
Zaubere auch und erfinde selber was.
Ich wünsche dir dabei viel Spaß!

Von den Buchstaben des Alphabets

Das Alphabet ist für mich die schönste Erfindung.
Geschichten schreiben kannst du durch
Buchstaben-Verbindung.
Sechsundzwanzig Buchstaben nur hat das Alphabet.
Millionen Wörter schreiben kann man, wie Ihr seht.

Das Alphabet beginnt mit dem Buchstaben (A) -
(A) wie der Affe oder der heiße Erdteil Afrika.
Als zweites folgt danach der Buchstabe (B),
und wie bei Cäcilia darauf das (C).

So geht es dann noch lange weiter
über das (X) und das (Y) bis hin zum (Z).
Wer das Alphabet beherrscht, ist um vieles gescheiter.
Ach, wenn ich es nur schon im Kopfe hätt!

Das Zaubern mit nichts so einfach geht
wie mit den Buchstaben aus dem Alphabet.
Ein einziger Buchstabe genüget schon,
und so erhält der Sohn für ein (L) seinen Lohn.

Nur durch das (R) entsteht aus einer alten Hose
eine wunderschöne rote oder auch gelbe Rose.
Einen Buchstaben nur tauscht man aus -
und schon wird aus einer Laus eine Maus.

Ganz schnell steig ich von der Bahn
mit dem (K) um in einen hölzernen Kahn.
Mit dem (B) binde ich mir um die Hand,
wenn es mir gefällt, ein zartes Band.

Ich brauch ja nur ein (W) denkt Liese,
schon bin ich auf der grünen Wiese.
Hab ich Durst, so hol ich aus dem See
mit Hilfe des Buchstaben (T) gesüßten Tee.

Aus dem braunen Wüsten-Sand
zaubere ich fruchtbares Oasen-Land.
Hab ich Hunger, hole ich einen Fisch
mit einem (F) schnell auf den Tisch.

Ach, wäre das Zaubern doch sonst genauso leicht
wie man es mit den Buchstaben des Alphabets erreicht.
Ohne die Buchstaben gäb es vor allem die Bücher nicht,
und schließlich auch nicht dieses Buchstaben-Gedicht.

Das Rechtschreiben, ja, das ist schwer

Doppellaute, 'tz' und 'ck'
und dann noch das Dehnungs-'h'.
Hinzu kommt weiter das lange 'ie'.
Ach, ich glaub, ich lern es nie.

Doch ist in der ganzen Rechtschreibung
am schwierigsten die 's'-Schreibung.
Der Fall des scharfen 'ß' ist so kompliziert.
Manch ein Schüler dabei den Mut verliert.

Zwei 'e' hat der See
oder im Winter der Schnee.
Ein 'tz' steckt in den Spatzen
und auch in den frechen Fratzen.

Mit 'ck' schreibt man die Glocken.
Viele Löcher haben meine Socken.
Ein 'h' ist mitten im Kahn.
Im Mund, da fehlt ein Zahn.

Ganz einfach schreibt man die Nase,
mit scharfem 'ß' dagegen die Straße.
Ähnlich ist es beim Bus und beim Kuß.
Ja, wer knackt sie die Nuß?

Wann schreibt man groß, wann klein?
Mir will es nicht in den Kopf hinein.
Auch beherrscht es kaum ein Kind,
wie die Kommas im Satz zu setzen sind.

Und die Regeln der Trennung im Wort.
Die vergeß ich immerzu, immerfort.
Oft trenn ich voneinander das 's' und das 't'.
Dabei tut dies doch den beiden so weh.

Viele Fehler, schlechte Noten im Diktat.
Das Rechtschreiben ist mir zu schwer, in der Tat.
Mir reicht es jetzt, ich mag nicht mehr.
Reicht mir den Rechtschreibduden her!

Einfach ist das Lernen einer fremden Sprach

Ach wie gern, ach wie gern
ich fremdsprachige Wörter lern.
Das Lernen einer fremden Sprach
ist fürwahr a feine Sach.

Spaß macht's und ist spielend leicht,
die Wörter und Regeln zu entdecken,
die in einer anderen Sprache stecken.
Bald schon hat man auch einen Sprachschatz erreicht.

Ja, Spaß macht es oder *fun*.
When ist Englisch für wann.
Bald hast du's geschafft oder *soon*.
Die Sonne heißt *sun* und der Mond heißt *moon*.

See übersetzt man mit sehn.
Und *go* bedeutet bei uns gehn.
Man ist der Mann,
I can heißt ich kann.

Ein Spielzeug nennt man *toy*.
Die Freude ist kurz *joy*
No chocolate - keine Schokolade.
What a pity! - Wie schade!

Doll sagt man zur Puppe
und *soup* zu einer Suppe,
father zu Vater und *mother* zu Mutter.
Butter schreibt man wie bei uns die Butter.

Cat ist die Katze und *dog* der Hund.
Vegetable oder Gemüse hält dich gesund.
Horse ist das Pferd und *cow* die Kuh.
You heißt Ihr, Euch, dich oder du.

Car heißt das Auto und *bus* der Bus.
Love ist die Liebe und *kiss* der Kuß.
Zur Straße sagt man *street*
und der *song* ist ein Lied.

Tomatoe ist die Tomate und *salad* der Salat.
Money ist das Geld, das man nicht immer hat.
Dictionary schließlich heißt das Wörterbuch,
in dem ich die unbekannten Wörter such.

Wie Ihr seht, ist das Vokabular nicht schwierig.
Ich verschling neuen Lernstoff stets begierig.
Eine fremde Sprache zu lernen ist wirklich schön.
No problem! Es gibt dabei kein Problem.

Wie sagt man auf Bayrisch?

Ein Brief is a *Briaf*.
Und schief des hoaßt *schiaf*.
Der Tee is a *Tä*.
Und du gähst schnäi auf d' Häh.

Eine Wespe is a *Weps*.
Etwas hoaßt *ebbas* oder *epps*.
Kleidung hoaßt *Gwand*.
Und manche Leid ham koan Verstand.

Ein Endivien is a *Andive*.
Eine Zwiebel is a *Zwieve*.
A oids Haus is a *Hiawan*.
De Bayern san ma de liawan.

Ein Ei is a *Oa*.
Und zwao san net alloa.
Ein Baum is a *Baam*.
I glab, mir kemman scho no zam.

Zum Kaffee sogd ma *Kaffä*.
Mein Hund, den beißn d' Fläh.
Ein Kälbchen is a *Kaiwal*.
Gäi, do schaugsd wia a Schwaiwal.

Eine Schule is a *Schui*.
Einen Stuhl nennt ma an *Stui*.
Zum Gefühl sogd ma *Gfui*.
Jetzt weads ma glei z'vui.

Zum Geld sogd ma *Gäid*.
Ja, wos kosd de Wäid.
Ein Schuh is a *Schuah*.
Und jetzt hob i gnua.

Über das Schreiben von Briefen

Es wirkt manchmal wie ein rechter Trost,
bekommt einer einen lieben Brief mit der Post.
Allein, daß man an ihn gedacht,
ihm eine große Freude macht.

"Oh, da hat mir ja jemand einen Brief geschickt!"
denkt er, wenn er den Brief im Briefkasten erblickt.
"Was schreibt der mir bloß?"
Oh, die Spannung ist riesengroß.

Kaum gesagt und schon verflogen,
ist das gesprochene Wort,
Doch eines Briefes Bogen
bewahrt Gesagtes weiter fort.

Indem man sie immer wieder liest,
man die liebe Mitteilung besonders genießt.
Auch läßt sich Satz für Satz
eine gute Nachricht greifen wie ein Schatz.

Hat man große Freude dran
man den Brief auch immer bei sich tragen kann.
Auch kann man ihn unters Kissen legen
und so besondre Träume anregen.

Ist man aber erbost
über den Brief von der Post,
so kann man ihn auch in Fetzen reißen
und diese dann in den Mülleimer schmeißen.

Wie das Empfangen ebenso
macht auch das Schreiben von Briefen froh.
Tut es doch gut, wenn man erzählt,
was einen freut und was einen quält.

So fühl ich mich gleichsam befreit,
schreib ich mir Kummer und Leid
von der Seele und auf geduldig Papier.
Es ist als entfernte ich es dabei von mir.

Aber nicht nur Dinge, die mich bedrücken,
auch meine Freude will ich ausdrücken.
Auf diese Weise schicke ich dir
auch einen Teil meiner Freude mit dem Papier.

Sag, Dichter, warum dichtest du?

Ein Dichter schreibt und dichtet immerzu.
Doch ist die Frage, für wen und wozu?
Was hat der Dichter denn davon?
Und überhaupt, wer liest das schon?

Was verdient man denn daran,
daß sich das Dichten lohnen kann?
Eins fünfzig pro Gedicht?
Nein, dafür lohnt sich die Mühe nicht.

Sag also, Dichter, warum dichtest du?

Ich dichte, um etwas mitzuteilen
und mit Worten bei einer Sache zu verweilen.
Um Aug und Ohr auf das zu lenken,
Woran Ihr sonst vielleicht nicht würdet denken.

Möget Ihr nun damit beginnen,
über all die Dinge nachzusinnen.

Ich schreibe, um mit Worten Freude zu machen.
und auch, damit Ihr herzlich könnet lachen,
doch genauso aus Freude an dem Wörterspiel.
Es gibt mir selbst ein Glücksgefühl.

Möget Ihr diese Freude empfinden
und Gefallen am Klang der Sprache finden.

Vom Dichten

Guten Morgen, liebe Kinder!
Heute wolln wir mal dichten.
Ihr seid doch kleine Erfinder
und schreibt allerhand Geschichten.

Sagt, worauf kommt es beim Dichten an?
- Daß sich alles sehr gut reimen kann.
Schön, dann laßt uns keine Zeit verliern
und gleich das Dichten ausprobiern.

Und was sagt Ihr zu meiner Idee:
Wir trinken zum Dichten einen heißen Tee.
Dazu essen wir ein Stück Hefezopf
und packen so das Problem des Dichtens gleich beim
Schopf.

Ha, das reimt sich ja sogar!
Die Idee ist in jeder Hinsicht wunderbar.

Ich seh schon, Ihr versteht,
worum´s beim Dichten geht.

Die Geschichte vom Reimzwerglein

Es war einmal ein Reimzwerglein.
Wie alle Zwerglein war es winzigklein.
Doch gab es bei ihm eine Besonderheit.
Es litt an einer schweren Reimkrankheit.

Diese Krankheit heißt Reimitis
und ist schlimmer als jede Hepatitis.
Wer von dieser Krankheit ist befallen,
dem mag das Leben nimmermehr gefallen.

Das Zwerglein wurde einst von einer bösen Fee dazu
verreimt,
daß es nur noch tun konnte, was sich reimt.
So litt es nun unter einem regelrechten Reimzwang,
und spürte von da an einen nimmer endenden Reimdrang.

Was das Zwerglein auch tat,
tat es des Reimes wegen.
Es aß Salat oder bittren Spinat
und stellte sich in den nassen Regen.

Dem Zwerglein ging es nur noch um den Reim.
Dafür ging es sogar manchem auf den Leim.
Gleich am frühen Morgen
machte es sich aus Gründen des Reimes Sorgen.

Und es machte sich den ganzen Tag
aus diesem Grund zu einer einz'gen Plag.
Oft spürte es in seinem kleinen Herzen
die schrecklichsten gereimten Schmerzen.

Sehr oft mußte es das Essen
des Reimes wegen einfach vergessen.
Wenn es aber dennoch aß,
es dann den Reim natürlich nicht vergaß.

Gern reimte es sich einen Fisch
auf seinen gereimten Mittagstisch.
Zu jeder Art von Braten
gab es in jeder Form Tomaten.

Milch trank es nicht,
denn diese reimte sich nicht.
Ebenso mied es - weiß oder schwarz - das Brot.
Reimten sich doch darauf die Not und auch der Tod.

Aus Reimgründen lebte das Reimzwerglein
natürlich längst auf einem kleinen Weinberglein.
Reinen Wein schenkte es dort jedem, der es besuchte
sofort ein, auch wenn dieser dann reimgemäß fluchte.

Seine Kleider waren alle grün.
Denn diese Farbe reimt sich am besten auf "schön".
Statt seiner Zipfelmütze trug es jetzt einen Hut.
Dem Reim entsprechend stand ihm dieser gut.

Das verreimte Leben war dem Zwerglein bald ein Graus.
Und es suchte einen Weg aus dem Reimleben heraus.
Wie konnte es nur wieder entreimet werden?
Wer konnte helfen? Gab es da einen auf Erden?

Eines Tages nun, es war draußen schrecklich kalt,
ging das Zwerglein, dem Reim gehorchend, sofort in den
Wald.
Dort sprang es dann seinem Vornamen Purzel
reimgemäß über eines Baumes Wurzel.

Dabei stolperte es fürchterlich
und verletzte sich den großen Zeh.
Doch weder tat ihm dies weh,
noch schrie es "juchhe".
Das Zwerglein freute sich königlich.
Es spürte: Der Zauber war nun vorbei.
Und es war endlich, endlich
wieder von dem Reimzwang frei.

Fortan lebte das Zwerglein
nicht mehr auf dem kleinen Weinberglein,
sondern wieder im tiefen Wald.
Dort war es nun entgegen dem Reim
sehr warm und nicht reimkalt.

Nun war das Zwerglein also entreimt.
Doch leider hatte es sich damit für immer ausgereimt.
Plagte und mühte es sich auch noch so sehr,
das Reimen funktionierte jetzt nicht mehr.

"Nur manchmal noch ein kleiner Reim!" Wehmütig dachte
es an das Weinberglein und all die gereimten Speisen.
Aber es war vorbei, für immer.
Was das Zwerglein auch versuchte, Wort um Wort, es
reimte sich nicht.
Es reimte sich einfach nicht.
Und das ist natürlich das Ende vom Gedicht.

Ein jeder sollte mal dichten

Ein jeder sollte mal dichten - auch du!
Es ist keine Kunst - nur zu!

Trau dich nur, du kannst es schon.
Du hast nämlich in deinem Kopf ein Lexikon.
Dort kannst du die Reime finden
und sie dann in ein Gedicht einbinden.

Nur Mut!
Das Dichten ist wirklich kein Problem.
Und du wirst merken, es ist einfach schön.

Allerlei Getier

Möchtest du ein Maulwurf sein?

Der Maulwurf hat ein Fell wie Samt so fein.
Und trotzdem möcht ich kein Maulwurf sein.
Das Leben eines Maulwurfs erscheint mir traurig.
Tief im Boden ist er drin. - Wie schaurig!

Der Maulwurf hat kein leichtes Leben -
immer nur Höhlen und Gänge ausheben.
Graben und Jagen ist sein Lebenssinn.
Würmer, Larven und Insekten sind sein ganzer Gewinn.

An Nahrung braucht der Maulwurf schrecklich viel.
Dabei hat er keine Freunde, weil er nicht teilen will.
Auch der Bauer mag ihn nicht,
da der Maulwurf das ganze Erdreich aufbricht.

Nur selten kommen die Maulwürfe an die Sonne.
Für mich wär so ein Leben wahrlich keine Wonne!
Und selbst, wenn sie an der Sonne sind,
können sie das Licht kaum sehen, denn sie sind fast blind.

So möcht ich also kein Maulwurf sein,
immer unter der Erde leben - und so viel allein,
vor allem ohne Augenlicht.
Bei dem Gedanken daran, mir schier das Herz zerbricht.

Leben wie ein Wasserfrosch

Quak, quak, quak!
Guten Morgen, lieber Tag!
Guten Morgen, liebe Leut!
Ei, wie geht es uns denn heut?

Und was mache ich an diesem Tage, heute?
Vielleicht seh ich erst mal nach leckrer Beute?
Ja, womit soll ich den Tag beginnen?
Vielleicht erst mal ne Runde schwimmen?

Oder zuerst im nassen Grase springen?
Von den Bäumen hör ich schon die Vögel singen.
Mal sehn, mal sehn.
Ach, das Leben ist so schön!

Fliegen, Bienen, Mücken - Schnapp!
Auf meiner langen Zunge - Papp!
Lieber doch erst einmal fressen,
eh man beginnt mit seinen Späßen.

Fressen, springen - fressen, springen.
Weit und in die Höhe springen.
Zwischendurch im Wasser schwimmen.
Ach, könnt ich auch noch singen!

Ja, es ist ein schöner Tag.
Quak, quak, quak, quak, quak, quak!
Schnapp, da kommt ein Storch daher.
Jetzt quakt das Fröschlein nimmermehr.

Das Eidechslein

Auf einem Stein im Sonnenschein
sonnt sich ein kleines Eidechslein.
Still weilt es da und regungslos.
Ei, wovon träumt das Echslein bloß?

Starr genauso wie der Stein
erscheint das kleine Eidechslein.
Doch laß dich nicht täuschen.
Es erwacht bei den leisesten Geräuschen.

Elegant, blitzschnell und behende
entschwindet es sofort
an einen ganz verborgnen Ort,
wo es so leicht keiner fände.

Die Kuh

Gestern, ja, da sah ich sie,
die Kühe, unser Milch- und Buttervieh,
dort oben auf der Bergeswiese,
die Rosa, die Res und die Liese.

Es waren noch viel mehr dabei,
viel mehr noch als die drei.
Zufrieden sahn sie aus und gesund,
die Fanni, Josepha und Kunigund.

Da standen sie und kauten.
Sie kauten und sie schauten.
Kreszenzia, Johanna und Josephine,
die Adelheid, Gesine und Hermine.

Ja, die Kuh, sie kaut und schaut.
Sie kaut, sie schaut und verdaut.
Dann kaut sie noch einmal und wieder
und wieder und immer wieder.

Nichts bringt sie aus der Ruh,
die Kuh, die Kuh, die kauende Kuh,
auch nicht das Kuhglockengeläute.
Dies stört nur die anderen Leute.

Auch nicht auf ihrem Leibe die Fliegen.
Die werd ich, denkt sie, schon kriegen.
Mit ihrem Kuhschweif schlägt sie zu,
ohne ein Muh, die kauende Kuh.

Kauen, verdauen, dann ruhn,
und zwischendurch mal kräftig muhn.
Dabei entsteht im Euter so nahrhaft
der Kühe gesunder weißer Saft.

Muh.

Die Welt einer Weinbergschnecke

Weil sie so langsam kriecht,
mögen viele Menschen die Schnecke nicht.
Das Leben einer Schnecke scheint ihnen langweilig.
Sie selbst haben es ja immer so eilig.

Die Schnecke ist langsam, faul ist sie deshalb aber nicht.
Trägt sie doch auf dem Rücken ihres Hauses ganzes
Gewicht.
Das sollen die einmal machen,
die über die armen Schnecken lachen.

Was ist schon die Welt aus einer Schnecke Sicht!
Mehr als ein paar Menschenschritte schafft sie am Tag
nicht.
Nun, sie vermag zwar eines Weitgereisten Neugier nicht
zu wecken.
dennoch gibt es in der Welt einer Schnecke eine Menge zu
entdecken.

Langsam kriecht sie und mit Bedacht
von Kieselstein zu Kieselstein.
Auf jeden Grashalm gibt sie Acht.
Freundlich grüßt sie ein jedes Blümelein.

Sie nickt einem Schmetterling freundlich zu,
wünscht einem Regenwurm gute Ruh.
Einen verletzten Käfer muntert sie auf
und bewundert die flinke Ameise bei ihrem Lauf.

Von Zeit zu Zeit zieht sie sich zurück in ihr Haus
und ruht sich vom anstrengenden Marsche aus.
Nach all den vielen Dingen, die sie gesehn,
will sie dann auch wieder in sich gehn.

Sie ist so bunt die Welt der Schnecken.
Vielleicht wirst du sie auch entdecken.
Ich möcht mal durch die Welt der Schnecken kriechen
und da und dort an Gras und Blümlein riechen.

Nachts im Wald

Nachts tief im dunklen Wald
begegnest du so mancher Tiergestalt.
Als wär im Wald Gespensterstunde.
Als machten die Gespenster ihre Runde.

Doch ist es, daß am Abend und in der Nacht
der Wald zu neuem Leben erwacht,
sobald die Singvögel ihre Köpfe ins Gefieder stecken
und die Eichhörnchen sich in ihrem Kobel verstecken.

Denn bis es wieder tagt,
gehn manche Tiere auf die Jagd.
Erst im Schutz der Dunkelheit
sind sie zur Nahrungssuche bereit.

Es herrscht im Wald keine nächtliche Ruh.
du hörst den Waldkauz, huhuhuh.
Der Rehbock bellt, der Fuchs schreit laut.
Es ist so unheimlich, huh, mir graut.

Im Laub rascheln Waldmaus und Haselmaus.
Herr und Frau Dachs kommen aus ihrem Bau heraus.
Weithin ist das Schmatzen der Dachse zu vernehmen.
Dachse haben ja leider kein Benehmen.

Es ist ein Knistern und Knacken in Gezweig und Geäst.
Der Baummarder packt seine Beute sicher und fest.
Auch die Wegschnecke sucht ihr Futter gern in der Nacht.
Lautlos kriecht sie des Weges und ganz sacht.

Ja, sobald für die Tagtiere das Tagwerk ist vollbracht,
sich die Schar der Nachttiere auf Nahrungssuche macht.
Der Wald dann zu neuem Leben erwacht,
wenn es Abend wird und in der Nacht.

Heute gehn wir in den Zoo

Heute gehn wir in den Zoo.
Oh, was wir da alles sehn!

Von Australien ein Känguruh.
Im Vogelkäfig sitzt ein bunter Kakadu.
Ein Löwe aus dem fernen Afrika.
Huh, den Braunbärn sind wir jetzt ganz nah.

Im Wasser schwimmt das Pferd vom Nil,
und weiter drüben dort das Krokodil.
Paß auf, der riesengroße Elefant
nimmt mit dem Rüssel dir die Tasche aus der Hand!

Lustig, lustig, tralala
weiß - schwarz gestreift ein Zebra, ha!
Und dort die Affen!
wie die dumm gaffen!

Im Wasser schwimmt der kluge Delphin.
Am Beckenrand watschelt ein Pinguin.
Eine Giraffe mit einem Hals baumlang.
Bei den Tigern wird mir im Herzen bang.

Heute gehn wir in den Zoo.
Oh, es gibt noch viel zu sehn.

Keiner hat heute mehr Hühner im Garten

Warum hat heute keiner mehr Hühner im Garten?
Man sagt, weil sie überall in den Beeten scharrten.
Auch würde das Gackern die Nachbarn stören.
Und selbst mag man es schließlich auch nicht immer
hören.

Vor allem machen die Hühner so viel Mist.
Das wäre kein Grund, Mist machen andre noch viel mehr -
was jeder weiß, der täglich die Zeitung liest.
Dabei geben diese nicht, wie die Hühner, dafür Eier her.

Meine Oma, die hatte noch einen Hahn und Hennen.
Alle tat sie mit einem besonderen Namen benennen.
Sie spazierten den ganzen Tag im Garten frei herum,
gackerten munter, waren glücklich und nicht dumm.

Jedes gelegte Ei war eine Kostbarkeit.
Auch wurden die Eier für den Verbrauch genau eingeteilt.
Heute werden die Eier in Mengen verzehrt,
und die Hühner dafür in Legebatterien eingesperrt.

Den armen Tieren ist Freiheit und Glück verwehrt.
Deshalb sind sie jetzt auch seelisch gestört
und können uns keine gescheiten Eier mehr geben.
So rächt sich eben alles im Leben.

Das Mäuslein in der Falle

Gestern in der Speisekammer
sah ich - welch ein Jammer -
ein Mäuslein zierlich fein
in einer Mausefalle. - Nein!

Geplanter Mord - wie fürchterlich!
Oh, Mäuslein klein, du dauerst mich!
Was tut schon so eine kleine Maus?
Und sie sieht doch so putzig aus!

Überall im ganzen Haus
legt man jetzt Fallen für die Mäuse aus.
Warum, so wollt Ihr wissen?
Nun ja, sie haben schon so viel zerbissen.

Sie zerbeißen, was sie zwischen die Zähne kriegen.
Ob Käse oder Kuchen - nichts bleibt liegen.
Sogar Polster, Kissen und Decken -
nichts läßt sich vor den Mäusen verstecken.

Nach meiner eignen Ansicht
löst sich das Problem mit Fallen nicht.
Ich plädiere hingegen dafür:
Halte die Maus als Haustier dir!

Mach aus deinem Feind
ganz einfach einem Freund!
Verwöhne die Maus mit ihren Lieblingsspeisen
und biete ihr Polster und Kissen zum Zerbeißen.

In Murnau gibt es einen Drachen

In Murnau gibt es einen Drachen.
Ja, ja, das ist gar nicht zum Lachen.
Tief im dunklen Murnauer Moor,
nächtens kommt er immer hervor.

Er wohnt hinterm Wald auf einer Mooreswiese
und ist vielleicht größer als mancher Riese.
Das tannengrüne Ungeheuer
speit nachts aus seinem Rachen Feuer.

Des Drachens Name ist Fridolin.
Große und kleine Kinder fürchten ihn
Wenn alles schläft, kommt er in die Stadt herein.
Die Murnauer müssen allzeit wachsam sein.

Allen ist so schrecklich bang.
Gesehen jedoch hat ihn keiner bislang.
Ganz sicher aber gibt es ihn.
Denn er ist im Murnauer Wappen drin.

Der Pudel Ottokar

Der Pudel Ottokar
mit seinem Lockenhaar,
er tut sich nicht schwör
mit dem Frisör.

Er hat die Dauerwelle
bereits in seinem Hundefelle.
Ja, der Pudel hat gut lachen.
Er braucht sich die Locken nicht extra zu machen.

Ach hätt ich doch wie Ottokar
die Locken schon in meinem Haar.
Mein Haar wächst grad aus dem Kopf heraus.
Es sieht grad wie der grüne Schnittlauch aus.

Ich wünsch mir zum Geburtstag einen Hund

Ich wünsch mir zum Geburtstag einen Hund.
Wau, wau.
Einen Pudel, Dackel, Bernhardinerhund.
Wau, wau.

Ich wünsch mir zum Geburtstag eine Katz.
Miau.
Eine Katz mit einer kleinen, weichen Tatz.
Miau.

Ich wünsch mir zum Geburtstag einen Bärn.
Brumm, brumm.
Einen kleinen, süßen, braunen Teddybärn.
Brumm, brumm.

Ich wünsch mir zum Geburtstag noch ein Pferd.
Ja, ja.
Ein kleines Schaukelpferd, das mir allein gehört.
Hurra!

Am meisten aber wünsch ich mir nen Hund.
Wau, wau.
Nen kleinen Mops vielleicht, jedoch nicht kugelrund.
Wau, wau.

Nun krieg ich zum Geburtstag einen Hund.
Schau, schau!
Einen riesen, riesen Berhardinerhund.
Ciao, Ciao![1]

---

[1] Sprich: [tschau, tschau]

Ja, so etwas!

Auf dem Besen durch die Nacht.

Habt Acht, habt Acht!
Auf dem Besen durch die Nacht,
eins, zwei, drei, vier, fünf und sechs,
reitet Furia, die kleine Hex.

Schwarz die Augen, schwarz das Haar,
schwarze Krallen, furchterbar,
schwarz die Zähne, langkrumm die Nas,
wie des Teufels eigne Bas.

Über die Dächer flugs, geschwind,
ahui, ahui, schnell wie der Wind.
Hexengelächter, hi, hi, ha, ha.
Rabe auf der Schulter, krah, krah, krah, krah.

Wehende Schürze, wehender Rock,
auf ihrem alten Reisigbesenstock.
Gelächter, Gekicher und Geschrei.
Rauch und Gestank. - Was ist schon dabei?

Auf dem Besen durch die Nacht,
wenn der Mond am Himmel wacht.
Oho, aha, warum, wieso?
Na, Hexen reisen eben so.

Den Teufel hab ich schon öfter gesehn

Kaum einer glaubt heut noch an den Teufel.
Doch den Teufel gibt es, ganz ohne Zweifel.
Ich hab ihn selbst schon öfter gesehn -
da und dort, so im Vorübergehn.

Der Teufel ist teuflisch anzusehn:
furchterregend, manchmal aber auch schön.
Seine beiden Hörner gefallen mir nicht,
doch passen sie gut zum feuerroten Gesicht.

Nicht nur Gesicht, auch Füße und Hände sind rot.
Schwanz und Fell dagegen sind schwarz wie der Tod.
Die Röte im Gesicht kommt auch von der Wut,
und weil der Teufel sich aufheizt auf der Höllenglut.

Er erscheint aber auch in andrer Gestalt -
verführerisch und schön, jung oder alt.
Du merkst es meist gar nicht,
wenn der Teufel gerade zu dir spricht.

Der Teufel ist raffiniert,
und hat manch einen schon verführt -
verführt zu einer bösen Tat,
die dieser dann bereuet hat.

Eh man sich's versieht,
hat er einen schon rumgekriegt
und auch die guten Vorsätze besiegt.
Man weiß gar nicht, wie einem geschieht.

Ständig liegt der Teufel auf der Lauer.
Schlimm ist, du gewöhnst dich daran auf die Dauer.
Der Teufel steckt in vielem drin.
Sei wachsam und erkenne ihn!

Es lebte ein König einst im alten Schloß

In den Bergen bei uns daheim -
es ist wahr und nicht geheim -
da steht ein Schloß am Berg hinterm Wald
mit vielen Türmen und schon ziemlich alt.

Dort lebte einst, 's ist lange her,
ein König, doch den gibt's nicht mehr.
Der König trug auf dem Kopf eine Krone
und saß auf einem echt goldnen Throne.

Er hatte ein Zepter in der Hand
und herrschte über das ganze Land.
Im Königsschloß war alles aus Gold
und die Frau Königin war schön und hold.

Mit der Königin saß er zum Mahle
alltäglich in einem königlichen Saale.
Sie saßen und aßen zu zweien,
um sie herum viele Diener und Lakeien.

Es gab nur das Feinste vom Feinen
zusammen mit den edelsten Weinen.
So aßen und tranken sie tagaus, tagein
Der König und die Frau Königin allein.

Der König tat so dieses und das.
Er hatte eine Warze auf der Nas.
Er ging zur Jagd, erlegte Reh, Hirsch und Has
Wozu? Nur einfach so zum Spaß.

Der König feierte auch rauschende Feste.
Jeden Abend lud er ins Schloß viele Gäste.
Er tanzte und vergnügte sich.
Oft langweilte er sich königlich.

Der König aß und saß und regierte.
Er fuhr mit der Kutsche und kontrollierte.
Das königliche Leben war ziemlich schwer.
Drum gibt's heut in dem Schloß keinen König mehr.

Der Jamei

Dereinst dort in Bavarien,
es war im Monat Mai.
Da wurde er geborien
der bayrische Jamei.

Jamei? Det hab ich ja noch nie gehört.
Meint einer aus Berlin empört.
Jamei - det klingt wie aus Japanien
vielleicht auch Frankreich oder Afghanien.

Jamei, jamei, det find ich schon,
schlag nach in einem Wörter-Lexikon.
Der Berliner macht sich auf die Suche
und wälzet Wörter-Buch um Buche.

Vergebens.

So fährt er nach Bavarien,
um es herauszufindien.
Dort fragt er einen alten Mann,
was dies Wort bedeuten kann.

Der Mann in Süd-Bavarien
tat ihm dies dann erklärien:
Der Jamei?
'S ist einer, der nicht viel spricht,
sagt immer nur jamei.
Was auch geschicht,
er sagt dazu jamei.

Ist was passiert,
er kommentiert:
Oh mei, oh mei, oh mei.
Das ist halt so, jamei.
Jamei, jamei, jamei.
Jamei.

Ich wollt, ich wär ne Made

Ich wollt, ich wär ne Made,
nicht die im Speck,
dafür in Schokolade,
in Schokoschokolade.
Schleck, schleck, schleck.

Schokolade, nichts als Schokolade
mit Nougat, Trüffel, Marzipan.
Ich würd essen so lang ich kann
als kleine Schokoladen-Made.

Möcht mich durch Schokolade wühlen
und im Mund die Schokosüße fühlen,
jeden Tag, tagaus, tagein.
Bald wär die Made nicht mehr klein.

Eingebettet in Schokolade
um mich herum nichts als Schokolade.
Ich würde schlecken und schmatzen
bis fast zum Platzen
als Riesenschokoladenmade.

Es ging ein Krapfen ...

Es ging ein Krapfen nach Berlin.
Durch Stadt und Land rollt' er dahin.
Er war gefüllt mit Aprikosen-Marmelad.
Er war rund und rollte wie ein Wagenrad.

Unterwegs, irgendwo, es war wohl Krepfin,
traf er noch einen Krapfen auf dem Weg nach Berlin.
So gingen sie gemeinsam die zwei beiden
und mochten sich gleich auf den ersten Blick leiden.

Sie rollten auf der Landstraße dahin,
pfiffen und sangen und freuten sich auf Berlin.
Sie waren nicht so schnell wie ein Motorwagen.
Denn sie hatten keinen Motor, nur Marmelade im Magen.

Trotzdem kamen sie an ihr Ziel noch hin -
in die Bären- und Krapfen-Stadt Berlin.
Es erfüllte sie mit Stolz und auch mit Übermut,
der aber, wie bekannt ist, nicht tut gut.

Jetzt, stellten sie fest, sind wir zwei echte Berliner,
keine Kassler, Frankfurter, keine Kissinger oder Wiener,
und schon dreimal keine Schlawiner.
Wir sind keine Krapfen mehr, sondern echte Berliner.

Doch vor Freude und Übermut paßten sie nicht auf.
So war es bald um die beiden Krapfen geschehn.
Denn sie hatten eine rote Ampel übersehn.
Ein Lastwagen fuhr auf sie drauf.

Er fuhr nicht nur drauf, sondern auch drüber.
Die beiden kamen nicht mehr über die Straße hinüber.
Nach allen Seiten spritzte aus ihrem Bauch die
Marmelade.
Es war so traurig und so schade.

Der Mensch

Der Mensch hat einen Bauch.
Zwei Beine hat er auch.
Ein jeder hat nen Kopf
und mancher einen Kropf.
(Der arme Tropf!)

Am Bein hat er die Wade.
Ist sie zu dick,
find ich das schade.
Zum Gehn hat er die Füße.
Ich schick dir schöne Grüße!

Servus!
Ciao!
Good bye!

Dein Körper

Augen, Nase, Ohren, Mund.
Kopf und Gesicht sind kugelrund.

Beine und Füße zum Gehn und Stehn.
Arme und Hände kann man drehn.
Und der Finger und Zehen sind es zehn.

Auf dem Hals sitzt der Kopf.
Aus langem Haar machen wir einen Zopf.
Mit dem Mund kannst du lachen,
mit deinen Händen vieles machen.

Mit den Augen kannst du schaun,
mit den Zähnen das Essen kaun.

Und wohin kommt dann das Essen?
Weißt du das auch?
Natürlich, hinein in den Bauch.
(Beinah hätt ich's vergessen.)

Henriette mit der Kette

Hier steht die Henriette.
Sie trägt eine lange Kette
von dicken braunen Kastanien
aus dem Lande Spanien.

Das Mädchen Henriette
hat auch noch eine Kette
aus winzigkleinen Apfelkernen,
die wir aus den Äpfeln entfernen.

Wie die Henriette
möcht auch ich eine Kette,
jedoch von Perlen aus Glas
und dazu noch viel Spaß.

Das wars.
Ich wünsch dir was.

Sieben Krähen auf einer Mauer

Sieben Krähen sitzen auf einer Mauer.
Ihr Gekrächze erfüllt mich mit Schauer,
auf die Dauer.
Es klingt als hätt ich eine Säge im Ohr.
Viel schöner singt der Kirchenchor.

Die Krähen fliegen wieder fort
und krächzen jetzt an einem andern Ort.

Der heisere Hahn

Gickel, gackel, Gockel.
Was sitzt da auf dem Sockel?
Kikeriki, es ist ein Hahn,
der nicht richtig krähen kann.
Der Hahn ist so heiser,
drum kräht er jetzt leiser.
Gickel, gackel, auf einem Sockel
der heisere Gockel.

Der Pilz aus Stein

Im Wald ein Pilz aus Stein
schaut ganz verzweifelt drein.
Wie kann das sein -
der schöne Pilz aus Stein?
Er hat geträumt, ihm droht das Pilzgericht.
Und das ist auch schon das Ende vom Pilzgedicht.

Gummibären

Alle Kinder mögen sie gern
die kunterbunten Gummibärn.
Sie sind so putzig anzuschaun
und süß und saftig dann beim Kaun.

Man kann so herrlich schmatzen
und zieht dabei so lust'ge Fratzen.
Schmatz, kau, lutsch und schleck -
im Nu ist eine Tüte weg.

Doch iß niemals Gummibären
in Gegenwart eines Teddybären.
Teddybären sind sehr sensibel
und nähmen so etwas schrecklich übel.

Weil Kinder auch zur Schule gehn

Ordnung, Ordnung, Ordnung

Lernen, Bildung und Erziehung -
dafür ist die Schule da.
Wichtig ist vor allem Ordnung -
legt man jedem Schüler nah.

Ordnung, Ordnung in den Ranzen
aber auch im Klassenraum.
Ordnung insgesamt, im ganzen -
darauf Lehrer allzeit schaun.

Ordnung, Ordnung, Ordnung.
Ordnung, das ist fein.
Deshalb lernt ein Schüler Ordnung.
Ordnung, das muß sein.

Ordnung, Ordnung, das muß sein.
Ordnung übt man zeitig ein.
Dies gilt für die Schüler allesamt,
weshalb auch jeder hat ein Klassenamt.

Ein Schüler teilt die Hefte aus,
auch sammelt er sie ein.
Ein anderer schüttelt Lappen aus
und putzt die Tafel rein.

Stühle rauf und Stühle runter -
dabei wird man auch noch munter.
Alle Blumenstöcke gießen
und zum Schluß die Fenster schließen.

Einer hebt den Abfall auf.
Die Klassensprecher passen auf.
Ja, Ordnung, das muß sein.
Das sieht ein jeder ein.

Ordnung auf den Tischen und den Bänken
und ihn allen Schülerschränken.
Ordnung auch im Hirn beim Denken.
Dazu laßt Euch in der Schule lenken.

Es ist Pause

Jetzt ist Pause, liebes Kind.
Nimm dein Pausebrot, geschwind!
Hinaus in den Hof, hinaus!
Bald ist die Pause wieder aus.

Hurra, es ist Pause!
Auf zu einem kleinen Schmause!
Mm, was es da alles gibt!
Die Mutter packt ein, was das Kind so liebt.

Brot mit Käse oder Schinken,
Saft, Kakao und Milch zum Trinken,
aber auch manch süße Sachen,
die deine Zähne löchrig machen.

Es ist Pause, auf zu einem kleinen Schwatz!
Kinder, nun erzählt Euch was!
Aber bitte, seid gescheit!
Vermeidet jeden bösen Streit.

Es ist Pause, schnell hinaus
und tobt Euch nur ein wenig aus.
Aber bitte, keine Schlägerei!
Sonst ist noch das Nasenbein entzwei.

Nun ist es zehn Uhr drei.
Oh wei!
Und die Pause ist vorbei.

Die kleinen bösen Schulgeister

Paß in der Schule gut auf, liebes Kind,
weil dort kleine böse unsichtbare Geister sind.
Wir sagen dir, sie lauern überall.
Drum sei auf der Hut, in jedem Fall.

Wenn du aber über alles wachst, was du schreibst,
dann kann es sein, daß du von diesen Geistern verschonet
bleibst.
Gib nur gut Acht!
Sie schleichen sich ganz sacht
in deine Hefte hinein,
in alle - groß und klein.

Wer sind diese Geister, die unsichtbaren,
die in der Schule herumgeistern in Scharen?
Ich will es verraten:
Es sind die kleinen Fehlergeister.
Und ich möchte dir raten:
Diese Geister vertreibt nur ein tüchtiger
Rechtschreibmeister.

Hitzefrei

Unser sehr geehrter Herr Direktor
schreitet durch das Schulgebäude.
Überall im Hause prüft er heute
an Thermometern die Temperatur.

Denn von der Hitze ganz geschafft,
trägt die gequälte Schülerschaft
dem sehr geehrten Herrn Direktor
ein allen dringendes Anliegen vor

Herr Direktor, bitte sehr!
Das Lernen geht und geht nicht mehr.
Es ist bei dieser Hitze eine Quälerei.
Bitte, geben Sie uns heute hitzefrei.

Der werte Herr Direktor
zeigt ein geneigtes Ohr
und prüft, wieviele Grad
es überall im Schulhaus hat.

Er geht im Hause hin und her.
Denn die Entscheidung ist so schwer.
Er prüft, ob die Grade sind erreicht,
daß es für ein Hitzefrei reicht.

Unserm armen Herrn Direktor
steht der Schweiß schon auf der Stirn,
so sehr zermartert er sich sein Gehirn.
Er beginnt so arg zu schwitzen,
daß er sie nicht mehr aushält diese Hitzen.

Die Verantwortung drückt ihn so schwer.
Hitzefrei schließlich entscheidet er.
Ich, stöhnt er, ich brauche hitzefrei.
Die Grade sind mir jetzt einerlei.

In der Schule lernt man auch das Kochen

In der Schule lernt man manches und so allerlei.
Lesen, Schreiben, Rechnen, Turnen, auch das Kochen ist
dabei.
Frau Elvira Margarina unterrichtet dieses Fach.
Sie ist rund, gesund und lustig und beherrscht ihr Fach.

Sie lehrt ganz besondre Sachen,
die die Schüler gerne machen.
Speisen süß und sauer, herzhaft und pikant,
Kochen mit Gefühl, Herz und auch Verstand.

Braten, Suppen, Nudeln, Knödel.
Und beim Kochen bitte kein Getrödel!
Torten, Kuchen, Gemüse und Salat.
Zum Glück, Gott sei Dank, keinen Spinat.

An die Tafel schreibt sie ein Rezept,
wie man zum Beispiel Kuchen bäckt.
Man nehme Mehl, Milch, Eier, Zucker
und dazu noch ein paar Gramm Butter.

Ja, hier lernt man eben
alles schon für's spätre Leben.
Dieses Fach ist nützlich, wichtig,
und Frau Margarina richtig tüchtig.

Bald gibt es wieder Zeugnisse

Bald wird es wieder Zeugnisse geben.
Dies gehört nun mal zum Schülerleben.
Oh, mir graut schon vor dem Tag,
an dem ich mein Zeugnis nach Hause trag.

In einem Zeugnis steht allerhand drin:
Ob ich fleißig, brav und ordentlich bin.
In sechs Stufen sind die Noten eingeteilt
und werden dir für jedes Fach mitgeteilt.

Zeugnisse werden auch Giftzettel genannt.
Zum Teufel mit dem, der sie erfand!
Der eine hat gute, der andre hat schlechte Noten.
Ich finde, Zeugnisse gehören verboten.

Mein Zeugnis enthält Noten ab Stufe drei.
Eins und Zwei sind nicht dabei.
Ich selbst mach mir nichts daraus,
aber Vater und Mutter schimpfen mich aus.

Note eins oder Note zwei?
Das ist doch einerlei!
Ich sage mir -
vielleicht hilft es auch dir:

Keine Fünf ist die Vier.
Eine Drei genüget mir.
Auf die Fünf und die Sechs
patz ich einen dicken Klecks.

Ha, ich reg mich nicht auf.
Gute Noten? Da pfeif ich drauf.
Ja, eins, zwei, drei und vier, fünf, sechs -
auf die schlechten Noten einen Tintenklecks!

Doch, was mir jetzt droht,
ist tagelanges Fernsehverbot.

Wenn der Schulrat kommt

Ein Raunen geht durch das Schulgebäude.
Der Herr Schulrat komme heute,
ausgerechnet heute.
Und tatsächlich, in der Tat,
da ist er leibhaftig, der Herr Schuloberrat.

Er betritt das Haus mit ernster Miene.
Er hat einen strengen, prüfenden Blick.
Disziplin und Strenge auf der ganzen Linie.
Sein Bauch ist ziemlich dick.

Grau in grau ist er gekleidet.
Schon ist alles uns verleidet.
Grau ist auch der Brillenrand,
graubraun die Mapp in seiner Hand.

Der Herr Schulrat, der Herr Schulrat,
der Herr Schulrat ist ein alter Mann.
Auf dem Kopf hat er ne Glatze.
Dies wahrscheinlich, weil er so viel kann.
Sofort verstummt in den Klassen das Geschwatze.
Hefte, Blätter, und so weiter liegen schon parat.
Denn der Herr Schulrat will alles kontrollieren
und dabei nicht eine Minute Zeit verlieren.
Alles will er prüfen, kontrollieren
und hinterher benoten und zensieren.

Zuerst betritt er das Klassenzimmer
von Frau Lehrerin Agathe Wimmer.
Frau Lehrerin Agathe Wimmer
redet, schreibt und spricht.
Ordnung herrscht im Klassenzimmer.
Der Schulrat prüft den Unterricht.

Projektor aus, Projektor an.
Jeder zeigt heut, was er kann.
Schwätzen, Stören gibt es nicht.
Der Schulrat prüft den Unterricht.

Hefte auf und Bücher zu.
Der Hefteintrag geschieht im Nu.
Trödeln heute gibt es nicht.
Der Schulrat prüft den Unterricht.

Der Herr Schulrat prüft und schreibt.
Alle hoffen, daß er nicht lange bleibt.
Er bleibt drei Stunden oder so.
Als er geht, ist jeder froh.

Mein Wackelzahn

Der Schöpfer gab dem Menschen die Beine zum Gehn
und ein Gehirn, um im Leben alles zu verstehn.
Er gab uns zwei Augen im Kopf, um zu schaun
und verschiedene Zähne, um das Essen zu kaun.

Beißen, schneiden, mahlen, kauen -
sonst kann man das Essen nicht verdauen.
Die Zähne sind uns von großem Nutzen.
Natürlich muß man sie täglich putzen.

Doch was passiert der Liese oder dem Franz,
der Klara, der Tina, dem Max und dem Hans?
Stellt Euch vor, ein Zahn
fängt eines Tags zu wackeln an.

"Oh weh, nun fängt er zu wackeln an
mein schöner weißer Schneidezahn.
Wackel hin und wackel her,
bald hab ich meinen Zahn nicht mehr."

"Was soll jetzt bloß geschehn?
Muß ich etwa zum Zahnarzt gehn?"
"Ach was, du kannst alles alleine machen",
sagen die erfahrenen Kinder und lachen.

Du kannst den Wackelzahn selber reißen,
zum Beispiel in einen süßen Apfel beißen,
oder einen zähen Kaugummi kaun.
Es tut nicht weh. du mußt dich nur traun.

Vielleicht fließt etwas Blut.
Das ist nicht so schlimm, nur Mut!
Die Zahnlücke ist dann freilich nicht schön.
Aber du mußt ja nicht immer in den Spiegel sehn.

Eine Lücke im menschlichen Gebiß
schadet auch dem Sprechen, gewiß.
Vor allem spricht man das 'S' nicht richtig.
Denn die Zähne sind zum Sprechen wichtig.

Doch sei nicht verdrossen!
Bald wird die Lücke wieder geschlossen.
Man erhält einen zweiten Zahn,
mit dem man noch viel besser kauen kann.

Ja, wackel hin - und wackel her.
Ich hab den alten Zahn nicht mehr.
Doch ein schöner neuer Zahn
fängt schon bald zu wachsen an.

Franz Vergeßlich

Ein jeder, der ihn kennt,
ihn Franz Vergeßlich nennt.
Er ist ein arg zerstreuter Tropf,
der sich nichts merkt in seinem Kopf.

Er ist immer so vergeßlich,
der Schüler Franz Vergeßlich.
Die Mutter zu Haus verliert den Mut.
Die Lehrer in der Schule haben eine Wut.

Was Franz braucht, das vermißt er.
Denn alles und jedes vergißt er.
Füller, Tinte, Hefte, Blöcke
liegen zu Haus in irgendeiner Ecke.

"Warum kann ich heut nicht sehn?
Mein Gott, ich kann es nicht verstehn!"
Dann stellt er fest, oh weih,
er hat ja seine Brille nicht dabei.

Der Lehrer spricht: Franz, bitte such
dein Lese-, Sprach- und Rechenbuch!
Und was ist das für ein Geschmiere?
Franz, nimm deinen Radierer und radiere!

Nein, es ist wirklich nicht zu fassen!
Bücher und Radierer hat er zu Haus gelassen.
Desgleichen Spitzer, Klebstoff und Lineal -
der Franz vergißt's zum achten Mal.

Er jammert mittags zu Haus beim Essen:
"Oh je, ich hab mein Rechenbuch vergessen.
So kann ich meine Hausaufgab nicht machen."
Doch im Geheimen muß Franz lachen.

Und eines, das verwundert mich:
An sein Pausebrot denkt er allmorgendlich.
Auch was sich im Kinderfernsehn tut,
merkt Franz sich ganz erstaunlich gut.

Fräulein Vorlaut

Fräulein Vorlaut ist eine junge Dame -
Franziska ist der werte Name -
die allgemein als vorlaut ist bekannt
und deshalb Fräulein Vorlaut wird genannt.

Jeder Lehrer in der Schule klagt.
Auch Mutter und Vater sind verzagt.
Frech und vorlaut ist dies Kind,
daß Lehrer und Eltern verzweifelt sind.

Zu allem hat Franziska etwas zu sagen,
auch wenn die Leute sie gar nicht fragen.
Allzeit hat sie eine freche Bemerkung parat.
Lehrer und Eltern wissen keinen Rat.

Herr Siebenschlau, der Klassenleiter
kommt im Unterricht nicht weiter.
Denn stets und immerfort
hat Franziska das letzte Wort.

Eins, zwei, drei, einerlei,
was es auch immer sei,
nie ist dies Kind um eine freche Antwort verlegen.
Lehrer Siebenschlau bekommt graue Haar deswegen.

Franziska, spricht der Lehrer, bitte schön!
So kann es nicht mehr weiter gehn.
Keine Hausaufgaben geb ich heut den Braven,
für dich aber hagelt es jetzt Strafen.

Franziska fängt zu weinen an.
Keiner versteht, daß ich nicht anders kann.
Ihr müßt mir, bitte sehr, verzeihn.
Mein Mund spricht von allein.

Ich kann doch nichts dafür!
Es ist ein Automat in mir.
Dieser reagiert ganz schnell, sofort
und plappert einfach Wort um Wort.

Was macht man da nur bloß?
Ein schwieriger Fall, ja zweifellos.
Wer hier eine Lösung weiß,
bekommt dafür einen hohen Preis.

Der Professor Pfiffikus

Bin der Professor Pfiffikus -
ein echter Mathematicus.
Wenn es ist im Kopf zu schwer,
dann nehm ich den Computer her.

Kann zählen fast bis zur Million.
Das kann ich alles lange schon.
Wenn es ist im Kopf zu schwer,
dann nehm ich den Computer her.

Plus, minus, mal und auch geteilt,
daß es Euch niemals langeweilt.
Wenn es ist im Kopf zu schwer,
dann nehm ich den Computer her.

Ja, eins und eins, das ist nicht vier.
Ist zwei, jawohl, das glaube mir.
Wenn es ist im Kopf zu schwer,
dann nehm ich den Computer her.

Und drei mal vier, das ist nicht neun.
Nein, nein, das kann nun gar nicht sein.
Wenn es ist im Kopf zu schwer,
dann nehm ich den Computer her.

Oft nimmt er den Computer her,
weil ihm das Rechnen ist zu schwer.
Ja der Professor Pfiffikus -
ein schlechter Mathematicus.

Mein Kind, sei schlau und lerne was!

Mein Kind, sei schlau und lerne was.
Hört man die Eltern und die Lehrer sagen.
Doch das Lernen macht oft keinen Spaß
und bereitet den Kindern viel Plagen.

Was du aber heut gelernet hast,
bestimmt im Leben später deinen Platz.
Es ist wie ein unsichtbarer Schatz,
den du sicher im Besitze hast.
Und du darfst mir glauben:
Diesen Schatz kann dir keiner rauben.

Doch geht es nicht allein um das,
was in den Schulbüchern steht,
sondern auch um das,
daß man die Menschen versteht.

Daß du weißt, wie man mit andern umgeht.
Daß du auch verstehst, was in dir selber vorgeht.
Daß du lernst zu lachen und zu weinen
und zu allen Dingen das Richtige zu meinen.

Ferien

Ferien, Ferien! Es ist so weit.
Heut beginnt sie, die Ferienzeit.
Aufregung im ganzen Schulgebäude.
Die Ferien, die Ferien beginnen heute.

Freiheit, Freizeit, Ferienzeit.
Kinder, ja, es ist soweit.
Ranzen, Bücher, Hefte weg!
Alles schnell in eine Eck!

Nicht mehr täglich früh aufstehn,
später nun zu Bette gehn
und keinen von den Lehrern sehn.
Ferien, Ferien, hei, wie ist das schön!

Ferien! Hurra, die Schule ist aus!
Kinder, Kinder, hinaus, hinaus!
Auf die Wiese, an den See!
Es sind Ferien, juchhe!

Nimm Ball, Fußball und auch Federball
und hol dein Stahlroß aus dem Stall!
Pack Rucksack, Stock und Wanderschuh
und deine Badesachen noch dazu!

Ein Museums- oder Zoobesuch,
zwischendurch ein spannend Buch,
Freunde und Verwandte sehn,
vielleicht auch mal auf Reisen gehn.

Hei, die Ferien sind so schön!
Ja, sie sollten nicht vergehn!

Schulanfang

Die Ferien sind vorbei.
Ach je, oh weh, oh wei!
Die Sonne scheinet obendrein.
Sagt, muß das sein? Muß das denn wirklich sein?

Jetzt fängt er wieder an der Trott.
Tagaus, tagein derselbe Trott.
Schlechte Laune, saure Miene
zeigen Ruth, Marie, Susanne und Sabine.

Täglich diese alte Leier
mit dem Lehrer Untermeier.
Lesen, rechnen, schreiben, sitzen,
bei verschiedner Arbeit schwitzen.

Morgens um halb sieben
wird man aus dem Bett getrieben.
Jetzt geht all das von vorne los.
Die Stimmung ist grau und freudenlos.

Da bleibt nur, sich abzulenken
und an Schöneres zu denken.
Vor allem helfen dir Kalender und Uhr.
Sie zeigen dir:
Zwei Stunden sind es bis zur Pause nur.
Fünf Tage bis zum nächsten freien Tag.
Und bald ist wieder der erste Ferientag.

Vom kleinen grasgrünen Teddybären

Mein grasgrüner Teddybär

Ich habe einen kleinen Teddybärn.
Er ist grasgrün.
Habt Ihr so etwas schon gesehn?
Oh, ich hab ihn schrecklich gern.

Um den Hals hat er ein rotes Band gebunden,
das allerschönste, das ich hab gefunden.
Es paßt so gut zu dem Grün.
Es könnt ihm gar nichts besser stehn.

Wenn mein grüner Teddybär brummt,
dann klingt es, als ob er ein Liedlein summt.
Mir ist auch, als würd er wirklich leben
und für mich einen kleinen Freund abgeben.

Möcht mit ihm teilen alle guten Sachen
und mit ihm allerhand Späße machen.
Tut mich etwas quälen,
ich möcht es ihm erzählen.

Mit seinen Augen aus Glas schaut er mich so freundlich
an,
als ob er alles, was ich sag, verstehen kann.
Ach, ich hab ihn ja so gern -
meinen kleinen grasgrünen Teddybärn.

Der grasgrüne Teddybär besucht das Christkind

Auch im Teddybärenland
ist allen wohl bekannt:
Heute soll das Christkindlein
draußen in einem Stall geboren sein.

Da spürt der kleine grasgrüne Teddybär:
Mir wird im Herzen so schwer.
Das Christkind in einem Stall geboren?
Dann ist es doch bei dieser Kälte bestimmt verloren.

Das läßt ihn jetzt nicht mehr ruhn.
Er überlegt: Was kann ich für das Christkind tun?
Und möcht mit ganz besondren Sachen
dem Christkind eine Freude machen.

Da wird der kleine Bär sehr nachdenklich
und fängt zu weinen an gar bitterlich.
Was hab ich armes Bärenkind
zu schenken für das heilige Christuskind?

Seine Teddybären-Tränen fallen auf den kalten Schnee.
Doch plötzlich regt sich in seinem Bärenkopf eine Idee:
Es fällt ihm ein, was die Kinder alle haben so gern.
Alle lieben sie einen kleinen, weichen Teddybärn.

Ich will mich selbst dem Christkind schenken
und es so von der Not im Stall ablenken.
Ich will dem armen Christkindlein
ein lieber Spielgefährte sein.

So bricht das Bärchen also zur Krippe auf -
einen weiten Weg, bergab und bergauf.
Tief im Herzen die gute Absicht
fühlt es, Gottlob, die Winterkälte nicht.

Es saust und rennt mit seinen kleinen
grasgrünen Teddybärenbeinen.
Froh und zufrieden im Herzen
merkt es auch nicht in seinen Beinen die Schmerzen.

Und der Teddybär spürt,
daß ihn etwas auf seinem Wege führt.
Er folgt einem geschweiften Sterne nach
bis dieser schließlich weist auf eines Stalles Dach.

Der grasgrüne Teddybär tritt ein.
Dort erblickt er das Christkindlein
in der Krippe auf Stroh und auf Heu.
Ehrfürchtig bleibt der Teddybär stehn und ganz scheu.

Auf einmal fühlt er sich schrecklich verloren
so erschöpft und halb erfroren.
Denn, Ihr müßt wissen, Bären mit grünem Fell
frieren ganz besonders schnell.

Aber das Christkind hat ihn schon gesehn
mit seiner roten Schleife und dem Fell grasgrün.
Es freut sich so und lacht
und hat dem Bärchen wieder Mut gemacht.

Mit letzter Kraft klettert der Teddy zum Christkind hinauf,
zum Christkind, dem wie jedem Kind,
Teddybären lieber als Gold, Weihrach und Myrrhe sind.
Und das Christkind nimmt ihn voll Freude in die göttlichen Arme auf.

Der grasgrüne Teddybär freut sich über den ersten Schnee

Endlich hat es im Bärenland geschneit.
Alle Bärenkinder haben sich gefreut.
Doch keiner freut sich so sehr
wie der kleine grasgrüne Teddybär.

Er läßt sich von den erfahrenen Bären
sehr genau beschreiben und erklären,
was alles man nun
mit dem Wunderzeug kann tun.

Er bekommt noch eine rote Zipfelmütze für die Ohren,
sonst wären diese nämlich bald erfroren.
Und jetzt hinaus in den Schnee!
Das ist eine Freude - hurra, juchhe!

Als erstes auf zu einer Schneeballschlacht!
Wie das hagelt, wie das kracht!
Auf einmal ruft das Bärchen zum Erbarmen "Au".
Ein Schneeball traf sein Auge und nun ist es blau.

Die Farbe paßt zwar gut zu dem Grün.
Doch tut es weh und ist auch sonst nicht schön.
Mit dem blauen Auge und etwas bang
begibt sich das Bärchen nun zum Schlittenhang.

Unerfahren, wie es noch war,
sieht es auch hier nicht die Gefahr.
Mit dem Schlitten, fröhlich und munter,
saust es wie ein Blitz den Hang hinunter.

Plötzlich stürzt es Hals über Kopf.
Im Schnee leuchtet gerade noch sein grüner Schopf.
Weithin hört man das Bärchen jämmerlich schrein.
Oh weh, gebrochen ist sein grasgrünes Bärenbein.

Vom Krankenbettte aus betrachtet es nun das muntre
Treiben.
Denn mit gebrochenem Bein und blauem Auge muß es im
Bette bleiben.
Doch kennt es im nächsten Jahr dann die Gefahren,
die es so schmerzlich am eigenen Leibe hat erfahren.

Der grasgrüne Teddybär mag den Fasching so gern

Die Bären im ganzen Bärenland
sind im Fasching außer Rand und Band.
Keiner mag zu Hause bleiben,
herrscht das lustige Faschingstreiben.

Auf den Fasching freut sich auch sehr
unser kleiner grasgrüner Teddybär.
Das Bärchen hat ein fröhlich' Herz
und Sinn für jeden Faschingsscherz.

Er ißt gern Faschingskrapfen mit Marmelade -
mit Sägemehl gefüllt, wär ihm jedoch zu fade.
Er mag Luftschlangen und Konfettiregen
und liebt es, sich zur Musik im Tanz zu bewegen.

Lang hat er darüber nachgedacht,
was er wohl im Fasching macht.
Denn als grasgrüner Teddybär
hat man's mit der Verkleidung schwer.

Am liebsten würd er sich als Prinz verkleiden -
als Faschingsprinz von ganz Bärenland
mit der schönen Faschingsprinzessin an der Hand.
Doch rät man ihm, sich etwas zu bescheiden.

Als was soll er nun im Fasching gehn?
Als Hexe? Nein, das wär nicht schön.
Oder soll er vielleicht den Teufel machen?
Das wär zum Fürchten und nicht zum Lachen.

Einen Roboter oder Ritter aus dem Weltenraum?
Das Sandmännchen, das nachts bringt einen Traum?
Einen Fliegenpilz oder ein zartes Blümelein?
Ach nein, er läßt dies alles lieber sein.

Soll er sich als Katze maskieren oder sonstig Getier?
Nein, dann schon lieber als Vampir.
Oder macht er einen bunten Clown?
Clowns sind immer lustig anzuschaun.

Als Max bräucht er dazu noch seinen Moritz.
Und als Japaner oder Chinese das ist kein Witz.
Aber ein Sheriff mit einem echten Sheriffstern
und einer Pistole zum Schießen, das wär er gern.

Doch entscheidet er sich zuletzt für ein Indianerkostüm.
Dies, so denkt er, paßt am besten zu seinem Grün.
Ein Indianer mit Federschmuck und bunter
Kriegsbemalung
erscheint ihm als die ideale Faschingslösung.

Ein Riesenerfolg ist sein Indianerkostüm.
Alle Bärenkinder bewundern ihn.
Vergnügt stürzt er sich in den Faschingstrubel
und genießt die Heiterkeit und all den Jubel.

Auch der grasgrüne Teddybär muß zur Schule gehn

Auch im Teddybärenland
lernen die Kinder so allerhand.
Alle müssen sie zur Schule gehn
und sogar schwierige Prüfungen bestehn.

Das freut den grasgrünen Teddybär nicht.
Deshalb schwänzt er manchmal den Unterricht.
Er nimmt sich einfach frei
und treibt dabei so allerlei.

Doch folgt diesem Genuß
die Strafe auf den Fuß.
Am Nachmittag muß er in der Schule bleiben
und eine lange Strafaufgabe schreiben.

Der Teddy bereut dann seine Untat sehr.
"Niemehr", schwört er, "niemehr!"
Lehrer Brumm glaubt ihm dies nicht.
Er weiß, der Teddy mag die Schule nicht.

Tanzen möcht er den ganzen Tag.
Die Schule ist ihm eine große Plag.
Ganz besonders dick
hat er das Fach Mathematik.

Vom gesamten Einmaleins
beherrscht der grüne Teddybär keins.
Aber nicht nur das Rechnen, auch das Schreiben
kann der Teddy überhaupt nicht leiden.

Das Rechtschreiben fällt ihm so schwer.
Die Buchstaben purzeln bei ihm hin und her.
Auch das Lesen ist ihm ein Graus.
Ja, er möchte sofort aus der Schule raus.

Das Schlimmste sind immer die Proben.
Für seine Noten kann man ihn nicht loben.
Selten lernt er für die Proben richtig.
"Gute Noten", sagt er, "sind mir nicht wichtig".

Was er aber an der Schule mag,
sind die beiden Pausen jeden Tag,
die Ferien, vor allem in der Sommerszeit
und auch im Winter, wenn es schneit.

Denkt er an die Fächer Musik und Malen
leuchten seine Augen und strahlen.
Ebenso das Turnen liebt er sehr
unser kleiner grasgrüner Teddybär.

So tröstet er sich mit diesen schönen Dingen
und freut sich besonders auf das Singen.
Um die Schule kommt eben keiner herum.
Man bleibt ja sonst ein Leben lang dumm.

Der grasgrüne Teddybär tanzt so gerne

Er dreht sich so gerne im Kreise,
hört er zum Tanzen eine schöne Weise.
Ach er liebt das Tanzen so sehr
unser kleiner grasgrüner Teddybär.

Ja, alle Bären tanzen gern,
doch am meisten die grünen Teddybärn.
Dideldai und dideldum,
linksherum und rechtsherum.

Zum Maitanz oder zum Tanz vom Kathrein
kommen alle Teddybären groß und klein.
Im Walzertakte geht es eins, zwei, drei.
Die Bärenkinder sind auch dabei.

Auch machen sich alle hübsch und fein.
Ein jeder will der Schönste sein,
vor allem der kleine grasgrüne Teddybär.
Er nimmt zum Tanz seine schönste Schleife her.

Auf der grünen Blumenwiese
dreht er sich gern mit Schwester Liese.
Am liebsten tanzt er Ringelreihn.
besonders im hellen Sonnenschein.

Er beherrscht sogar den Tangoschritt.
Bei der Polonaise macht er gerne mit.
Nein, es ist einfach toll,
er tanzt sogar den Rock and Roll.

Auch im klassischen Ballett
bewegt sich der Teddy schon ganz nett.
Er tanzt richtig auf den Zehenspitzen,
kommt dabei aber leicht ins Schwitzen.

Polka und Walzer, der Teddybär kann's.
Viel mehr als die Schule mag er den Tanz.
Er hat für das Tanzen großes Talent
und tanzt mit sehr viel Temperament.

In der Schule er leider viel versäumt,
weil er immerzu vom Tanzen träumt.
Doch Bärenlehrer Brumm versteht ihn gut.
Er weiß, dem Teddy liegt das Tanzen im Blut.

Tanzen ist ihm das Liebste von seinen Steckenpferden.
Er hat auch beschlossen, später Tanzbär zu werden.
Tanzen will der Teddy sein ganzes Leben.
Denn das Tanzen kann ihm so viel Freude geben.

Dideldai und dideldum,
linksherum und rechtsherum.
Schwinge hin und dreh dich her.
Mach's wie der grasgrüne Teddybär!

Der grasgrüne Teddybär geht zum Zahnarzt

Auch Teddybären haben Probleme
wegen manchmal schmerzender Zähne,
da sie so viel Honig essen
und das Zähneputzen meist vergessen.

Über Zahnschmerzen klagt auch sehr
der kleine grasgrüne Teddybär.
Doch will er nicht zum Zahnarzt gehn.
Kommt nicht in Frage, sagt er, dankeschön!

An den Zahnschmerz gar nicht zu denken
und sich mit allerhand Späßen abzulenken. -
Überlisten will er damit seine Schmerzen
mit viel Zuversicht in seinem Bärenherzen.

Doch den Kampf gewinnt der schmerzende Zahn,
bis der Teddy vor Schmerz nicht mehr kann.
Er beschließt nun doch zum Zahnarzt zu gehn
und eine Zahnbehandlung durchzustehn.

Mit dem nächsten Omnibus
fährt er zu Zahnarzt Doktor Denticus.
Dieser schimpft den Teddy richtig:
Regelmäßig zum Zahnarzt, das ist wichtig!

Jetzt hilft nur noch ein kräftiges Bohren,
sonst ist der Zahn bald ganz verloren.
Nun, grasgrüner Teddybär, gestehe mir!
Putzt du die Zähne wirklich täglich dir?

Wäre er nicht grün, könnte man sehn,
wie ihm die Röte steiget ins Gesicht.
Denn der Teddy muß beschämt gestehn:
Meine Zähne putz ich meistens nicht.

Mahnend Doktor Denticus zu Teddy spricht:
Was ich dir nun sage, vergiß bitte nicht!
Putzt du deine Zähne täglich,
ist das Bohren auch erträglich.

Sei mit den Zähnen nicht nachlässig
und geh zum Zahnarzt regelmäßig!
Auch sollst du nicht so viele Bonbons schlecken,
selbst wenn sie dir noch so gut schmecken!

Dem Teddy dröhnt das Bohren
lang danach noch in den Ohren.
Er zieht eine Lehre daraus
und kehrt mit gutem Vorsatz dann nach Haus.

Regelmäßig geh ich zum Zahnarzt von heut an.
Ich will nicht mehr so viel Süßes essen
und das Zähneputzen nie mehr vergessen.
Am besten fang ich gleich damit an.